D1677070

Geglückter Start zum Heißluftballonflug übers nördliche Sauerland.

Heinz Hanewinkel

Faszination Sauerland

SUTTON VERLAG

Winterabend im Märkischen Sauerland.

Bildnachweis: Das gesamte Bildmaterial stammt vom Autor, mit Ausnahme der Aufnahmen auf Seite 28 und 29, die mit freundlicher Genehmigung der Hammerschmidt/ Dr. Niggemann GbR verwendet werden können, und der Aufnahmen auf Seite 50 und 51, die mit freundlicher Genehmigung der Attendorner Tropfsteinhöhle, Eberh. Epe Erben – Dr. Böhmer KG abgedruckt werden können.

Impressum

Sutton Verlag GmbH
Hochheimer Straße 59
99094 Erfurt
http://www.suttonverlag.de
Copyright © Sutton Verlag, 2009
ISBN: 978-3-86680-546-0
Druck: Druckhaus „Thomas Müntzer" | Bad Langensalza
Gestaltung und Herstellung: Markus Drapatz

Inhalt

Einleitung

Das Sauerland hat sich noch viel von seiner natürlichen Landschaft erhalten können. Insgesamt fünf Naturparks – Ebbegebirge, Homert, Arnsberger Wald, Rothaargebirge und Diemelsee – machen noch heute den größten Flächenanteil dieses Mittelgebirges aus. Sie haben einen unermesslichen Naturreichtum und viele landschaftliche Schönheiten zu bieten.

Oft wird das Sauerland auch als das „Land der tausend Berge" bezeichnet. Die Berghöhen mit ihren endlosen Wäldern und Forsten bedecken immer noch weite Teile des Landes. Und eine Reihe kleiner Flüsse wie Ruhr, Möhne, Lenne und Henne schlängeln sich wie in alten Zeiten durch wunderschöne Bergtäler, vorbei an Burgen und Schlössern, alten Städtchen und Dörfern.

Zu entdecken gibt es auch geheimnisvolle Tropfsteinhöhlen und malerische Stauseen. Auf dem Möhne-, Bigge-, Henne- und Sorpesee verkehren im Sommerhalbjahr Schiffe und laden zu einer Seerundfahrt ein. Viele kleinere Talsperren, Wildgehege und Aussichtstürme in den Bergwäldern sind schöne Ausflugs- und Wanderziele. Zusätzlich wurden zwei neue Fernwanderwege angelegt. Binnen weniger Jahre ist der „Rothaarsteig" weit über die Grenzen des Sauerlandes hinaus bekannt geworden.

Daneben begeistern zwei große Freizeitparks die ganze Familie. Eine Fahrt ins Sauerland lohnt sich aber nicht nur in den Frühlings-, Sommer- und Herbstmonaten, sondern auch an schönen, sonnigen Wintertagen, wenn die Natur alles in weiße Watte gehüllt hat und die Bergwelt unter einer dicken Schneedecke glitzert. Vor allem der Kahle Asten (841 Meter) bei Winterberg und der Ettelsberg (838 Meter) bei Willingen bieten dann zauberhafte Landschaftsmotive. Denn die Hochheideflächen beider Berge mit ihren zum Teil witterungsbedingt verkrüppelten Kiefern und Fichten werden dann in nordisch anmutende Winterlandschaften verzaubert.

Heinz Hanewinkel
im Sommer 2009

I. Märkisches Sauerland

Das Märkische Sauerland ist geprägt von alten Städten und vielen bewaldeten Berghöhen. Dazwischen ziehen tief eingeschnittene Flusstäler vom Kamm des Ebbegebirges nach Norden, Osten und Westen. Schon frühzeitig entstanden in einigen märkischen Tälern aus Handwerks- kleine Industriebetriebe. So kann man heute noch in einer Reihe von Orten der Region interessante Museen besichtigen, die an längst vergangene Zeiten erinnern.

Äußerst sehenswert sind das Westfälische Freilichtmuseum südlich von Hagen, die Museen auf der Burg Altena und die Lüdenscheider Stadtmuseen.

Der Naturfreund findet im Märkischen Sauerland wunderschöne Ausflugs- und Wanderziele, denn das weitgehend bewaldete Bergland besitzt zahlreiche schöne Stauseen, großartige Tropfsteinhöhlen und die eine oder andere Bergkuppe mit Aussichtsturm. Westlich von Halver liegt, romantisch in einem grünen Wiesental, die letzte denkmalgeschützte Wassermühle an der Ennepe. Auf dem Höhenzug nördlich von Breckerfeld wurde ein intaktes Mühlenhof-Museum mit einer Bockwindmühle errichtet und bei Nachrodt-Wiblingwerde dreht sich seit 1845 das Wasserrad der Brenscheider Ölmühle. Am geschichtsträchtigsten ist jedoch die Burg Altena, wo einst die Grafen von der Mark residierten. Von ihrem Standort hoch auf einem Bergsporn hatten sie einen weiten Blick ins Land. Burg Altena bildet noch heute einen der Glanzpunkte im Märkischen Sauerland.

Hirsche tummeln sich auf den saftigen Wiesen im Märkischen Sauerland bei Lüdenscheid.

Die denkmalgeschützte Löhrmühle im Tal der Ennepe westlich von Halver.

ALTENA

Die im tief eingeschnittenen Tal der Lenne gelegene Stadt mit ihren engen verwinkelten Straßen wird von steil aufragenden Berghöhen flankiert. Altena ist eine historische Stadt in malerischer Lage. Hoch über der alten Drahtzieherstadt thront eine der schönsten Höhenburgen Deutschlands. Ihre internationale Bekanntheit verdankt sie der ersten Jugendherberge der Welt, die hier eingerichtet wurde.

Nördlich von Altena ragt ein steiler Berg aus dem Lennetal empor: der Wixberg (445 Meter). Über einen Höhenweg erreicht man einen wunderschönen Aussichtspunkt, von dem man einen faszinierenden Tiefblick auf Altena, Lennetal und die mittelalterliche Burg hat. Die Grafen von der Mark hatten die Burg zum Schutz der alten Stadt hier im Lennetal erbaut.

Ihren Nachbarn und Erzrivalen, den Grafen von Arnsberg, war die schöne Burg „all te nahe" = allzu nahe. Daraus entstand der Name der Stadt: Altena. Als die Grafen später ihren Stammsitz verlegten, verfiel die Burg über die Jahrhunderte. Erst zwischen 1906 und 1915 wurde sie nach Originalplänen wieder aufgebaut und instandgesetzt. Sie ist äußerst sehenswert und beherbergt gleich mehrere Museen, darunter das Museum der Grafschaft Mark. Die Geschichte der Stadt Altena ist eng mit der Burg auf der Felsenhöhe zwischen Lenne und Nette verknüpft.

Blick von den Hängen des Wixbergs ins Lennetal auf die Stadt Altena und die Burg.

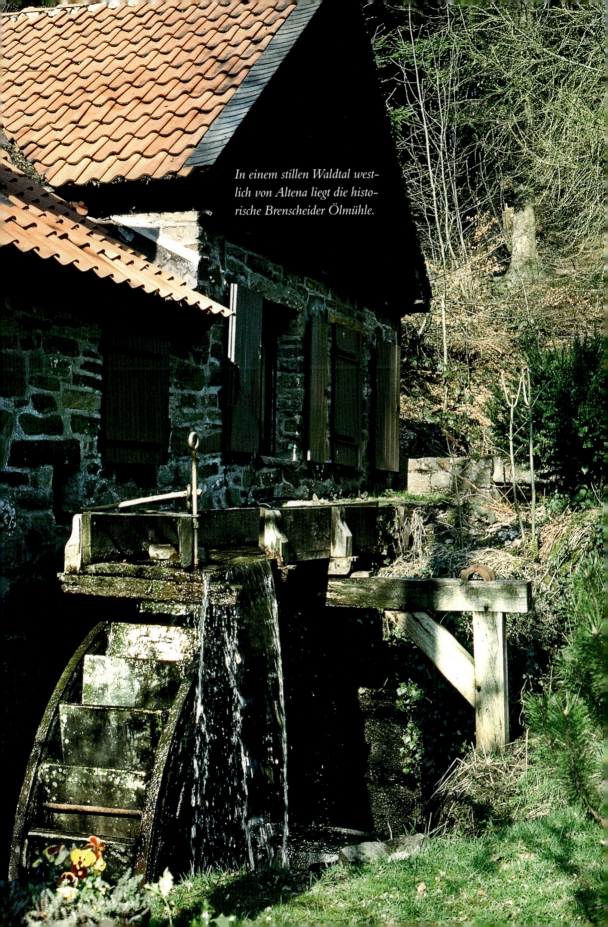

In einem stillen Waldtal west-lich von Altena liegt die histo-rische Brenscheider Ölmühle.

BURG ALTENA

Die schönste und bedeutendste Burganlage des Sauerlandes thront in Altena auf einem steil über dem Lenneufer aufragenden Bergsporn: eine malerische Burg wie aus dem Bilderbuch mit Bergfried, Pulverturm und Palas. Sie verleiht dem engen, beiderseits von waldreichen Bergkuppen flankierten Lennetal einen ganz besonderen Reiz. Denn diese Burg ist nicht nur eine der herausragenden Sehenswürdigkeiten des Sauerlandes, sondern eine der romantischsten Burganlagen Deutschlands.

Gegründet wurde die Festung bereits um das Jahr 1109 durch den Grafen Adolf von Berg. Später ging sie jedoch in den Besitz der Grafen von der Mark über, die lange Zeit das Sauerländer Territorium verwalteten. Im 17. Jahrhundert begann dann leider der allmähliche Verfall der Burg, sodass sie sich um 1850 in einem trostlosen Zustand befand. Dank der Initiative des Altenaer Landrates Dr. Fritz Thomee gelang es jedoch, die ziemlich verfallene Ruine zwischen 1906 und 1915 historisch getreu und unter Verwendung der Reste neu aufzubauen. Zwischen dem unteren und dem oberen Burghof ragt trutzig der 36 Meter hohe Bergfried auf. Das mächtige Mauerwerk ist von Efeu umrankt und die Fenster mit Butzenscheiben verglast. Vor allem aber zeugen Pulverturm, Bergfried und Wehrgänge von der einstigen Wehrhaftigkeit der Anlage.

Durch drei Tore betritt man den unteren Burghof und durch zwei weitere den oberen Burghof. Dort befinden sich der Pulverturm und die Burgkapelle mit ihren sakralen Kunstwerken.

Alle Räumlichkeiten zeugen von einer lebendigen Vergangenheit. Denn in der Burg sind neben einer Jugendherberge gleich drei Museen untergebracht. Besonders das Märkische Schmiedemuseum erinnert daran, dass die Eisenverarbeitung im Lennetal auf eine lange Tradition zurückblicken kann.

Das Jugendherbergsmuseum zeigt, wie spartanisch die erste im Jahre 1912 vom Altenaer Lehrer Richard Schirrmann gegründete Jugendherberge der Welt einst eingerichtet war. Das dritte Museum widmet sich der Geschichte der Grafschaft Mark. Es stellt u.a. Ritterrüstungen, Waffen, Kunstgewerbe und Stilmöbel aus. Zum Schluss sollte man nicht versäumen, den Bergfried (Burgturm) zu besteigen. Der herrliche Tiefblick über die Stadt hinweg zur Lenne mit den steilen Berghängen zeigt erst, in welch exponierter Lage Graf Adolf von Berg seine Burg erbauen ließ.

Öffnungszeiten:
ganzjährig
Dienstag bis Freitag   9.30 bis 17 Uhr
Samstag und Sonntag   11 bis 18 Uhr
Montag   geschlossen

Telefonische Auskunft: 02352/9 66 70 33

Die Burg Altena ist eine der schönsten Höhenburgen Deutschlands.

LÜDENSCHEID

Lüdenscheid ist die Kreisstadt des Märkischen Kreises und liegt in über 400 Meter Höhe auf einem Ausläufer des Ebbegebirges. Die „Stadt auf dem Berge" ist umgeben von Wäldern, Tälern und Stauseen.

Lüdenscheid ist bereits seit dem 9. Jahrhundert als Siedlung nachweisbar, schon 1072 wird es als Kirchort erwähnt. Im Jahre 1268 wurde der Ort von den Grafen von der Mark zur Stadt erhoben. Im Mittelalter bildete Lüdenscheid das Zentrum der märkischen Eisenverarbeitung.

Rund um Lüdenscheid gibt es heute einiges zu entdecken, wie das im Elspetal liegende einsame Schloss Neuenhof von 1694 mit einem Herrenhaus und einem Rokokogitter am Eingang. Allerdings ist eine Innenbesichtigung nicht möglich. Bei Kindern sehr beliebt ist das ganz versteckt in einem Waldtälchen zwischen Lüdenscheid und Schalksmühle liegende Wildgehege Mesekendahl. Die im Norden Lüdenscheids, oberhalb des Rahmedetales schlummernde Fülbecker Talsperre kann man zu Fuß umrunden und sich danach im Talsperren-Gasthaus an der Sperrmauer erholen.

Einen Besuch wert sind aber auch die interessanten Museen der Stadt mit einer außergewöhnlichen Knopfsammlung und der restaurierten Altenaer Eisenbahn.

Direkt im modernen Zentrum der Stadt liegt die bekannte Phänomenta, ein ganz ungewöhnliches Museum, in dem man selbst zum Naturwissenschaftler werden kann. Es bietet 130 Stationen, Experimente laden zum ausprobieren und nachdenken ein.

Lüdenscheid-Brügge liegt inmitten der Sauerland-Berge.

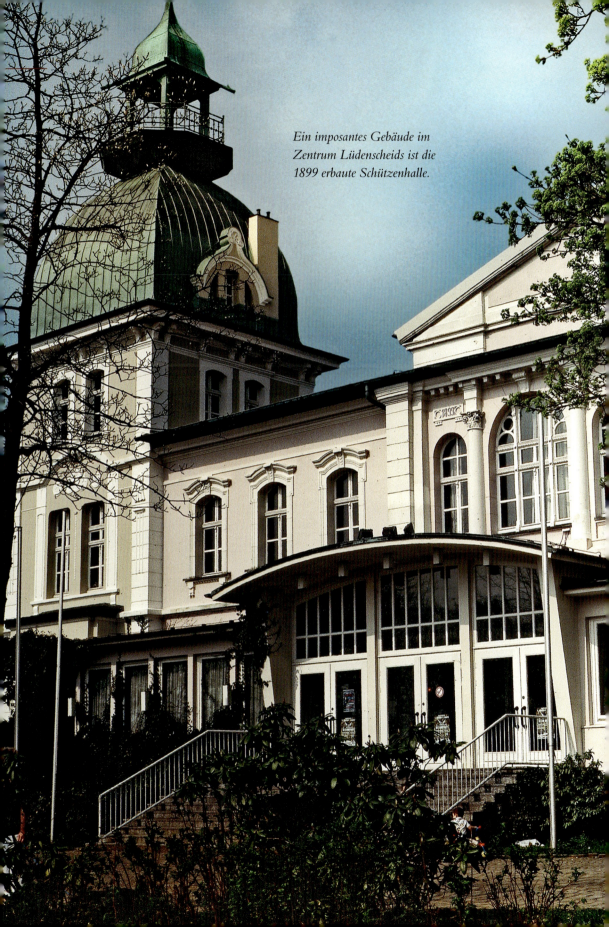

Ein imposantes Gebäude im Zentrum Lüdenscheids ist die 1899 erbaute Schützenhalle.

Das romantische Schloss Neuenhof bei Lüdenscheid.

HAGEN/WESTFALEN

Die große Industriestadt Hagen bezeichnet sich gern als das „Tor zum Sauerland", denn sie liegt im Mündungsbereich der vier Sauerland-Quellflüsse Ruhr, Lenne, Volme und Ennepe.

Die Stadt wurde bereits im 11. Jahrhundert erstmals erwähnt. 1392 kam sie an die Grafen von der Mark. 1746 wurden dem damals nur 1.200 Einwohner zählenden Ort die Stadtrechte verliehen. Durch die verkehrsgünstige Lage im Ruhrtal konnten Handwerk und Industrie in Hagen aufblühen und brachten Wohlstand in die Stadt. Um 1900 war Hagen eine Großstadt.

Durch Luftangriffe erlitt Hagen im Zweiten Weltkrieg schwere Schäden. Von den einst bekannten Bauten der Jugendstilepoche ist daher nur noch weniges erhalten.

Die größte Sehenswürdigkeit Hagens findet man heute ganz im Süden der Stadt, im bereits ländlich anmutenden Stadtteil Selbecke. Im dortigen Mäckingerbachtal wurde das Westfälische Freilichtmuseum angelegt, eines der schönsten Freilichtmuseen Deutschlands. Etwas weiter westlich, versteckt zwischen den ersten Berghöhen in einem abgeschiedenen Waldtal, liegt die verträumte Hasper Talsperre, die Hagen mit Trinkwasser versorgt. Zwischen 1901 und 1904 war sie von der damaligen Gemeinde Haspe, heute ein Hagener Stadtteil, angelegt worden. Sie besitzt eine 260 Meter lange und fast 34 Meter hohe, sehenswerte Staumauer. Um die gesamte Talsperre führt ein schöner fünf Kilometer langer Rundweg.

Ein historisches Wassertürmchen an der Hasper Talsperre bei Hagen.

Die Museums-Windmühle über dem Mäckingerbachtal im Westfälischen Freilichtmuseum in Hagen-Selbecke.

WESTFÄLISCHES FREILICHTMUSEUM

In Hagen-Mäckingerbach, in einem der schönsten Wiesentäler des nördlichen Sauerlandes, liegt das Westfälische Freilichtmuseum. Hier kann man über 60 historische Handwerks- und Fabrikbetriebe besichtigen, wie z.B. eine Windmühle, eine Goldschmiede, einen Sensenhammer, eine Papiermühle, eine Drahtzieherei, eine Achatschleife, eine Sägemühle, eine Feilenhauerei, eine Messingstampfe, eine Druckerei oder ein Zinkwalzwerk. Wo einst Menschen hart gearbeitet haben, kommt heute Nostalgie auf: Denn in über 20 Werkstätten kann man den Museumsmitarbeiterinnen und -mitarbeitern über die Schulter schauen. Sie führen alte Handwerkstechniken vor und erklären die Funktionsweise der Arbeitsgeräte. Die Besucher können das eine oder andere auch selbst einmal ausprobieren, z.B. Papier- schöpfen und Postkartendrucken.

Eine große Rarität stellt die Kuhschellenschmiede dar. Denn es gab nur ganz wenige handwerkliche Schmieden in Deutschland, die Kuhschellen herstellten, die das Vieh auf der Weide trug. Einer der bekanntesten Kuhschellen-Schmiede war Wilhelm Krämer aus einem kleinen Dorf bei Hilchenbach im Siegerland. Er fertigte diese speziellen Glocken bis weit ins 20. Jahrhundert hinein an. Die Schmiede der Familie Krämer wurde 1861 erbaut. 1968 musste sie dem Bau einer Straße weichen. Im Freilichtmuseum steht eine naturgetreue Rekonstruktion des Gebäudes; die kurz vor dem Abriss angefertigten Aufmaßzeichnungen dienten dabei als Vorlage.

Etwas Besonderes sind auch die wechselnden Ausstellungen und Sonderveranstal- tungen im Museum. Von Frühjahr bis Herbst kann man sich an speziellen Aktionen betei- ligen, wie Honigschleudern, Papierschöpfen, Metallschmieden oder Buntpapierherstellen. Die Feste bieten für jeden etwas, vom Handwerkermarkt, über Puppentheater, Kinderfeste, Museumsmarkt, Brau- und Erntefest bis hin zum Martins-Fest mit leuchtenden Laternen und einem romantischen Martinsessen.

Auskunft:
Westfälisches Freilicht-
museum Hagen
Mäckingerbach
58091 Hagen
Tel. 02331/7807-0

*Eine alte Wasser-
mühle im Westfälischen
Freilichtmuseum.*

Die historische Windmühle im Freilichtmuseum.

DIE GLÖRTALSPERRE

Inmitten der „buckligen Welt" des nördlichen Sauerlandes liegt in einem abgelegenen Waldtal zwischen Breckerfeld und Schalksmühle die idyllische Glörtalsperre. Ihre herrliche Lage umgeben von grünen Wäldern lädt förmlich zum Wandern ein. An schönen, warmen Sommertagen herrscht hier aber auch reger Badebetrieb. In Scharen kommen dann die Ausflügler zum Paddeln, Schwimmen und Sonnenbaden.

Und in ganz kalten Wintern, wenn im Glörtal wochenlang „Väterchen Frost" mit eisigem Ostwind regiert, kommen Hunderte von nah und fern angereist, um auf Schlittschuhen über die riesige Eisfläche zu flitzen, zu schlittern oder Eishockey zu spielen.

Um die gesamte Talsperre führt ein schöner vier Kilometer langer Rundweg. Für die Umrundung des 22 Hektar großen Stausees benötigt man eine gute Stunde. Knapp oberhalb der 32 Meter hohen und 168 Meter langen Staumauer, die in den Jahren 1903/04 erbaut wurde und als technisches Kulturbauwerk unter Denkmalschutz steht, liegt in herrlicher Lage gleich über der Talsperre das gepflegte Gasthaus „Glörtal". Und nicht weit davon entfernt befindet sich eine kleine Badebucht mit einigen schönen Strandflecken. Denn das Wasser der Glörtalsperre dient nur in den Wintermonaten der Trinkwasserversorgung.

Blick von der Jugendherberge auf die Glörtalsperre.

Spätwinter an der Glörtalsperre.

Ein Winternachmittag an der Glörtalsperre.

DIE WINDMÜHLE BRECKERFELD

Der 400 Meter hoch gelegene Erholungsort Breckerfeld südlich von Hagen besitzt seit 1996 eine große, noch funktionierende Windmühle. Sie steht am Rande des Ortes, auf einem Wiesen-Höhenrücken zwischen dem Ennepetal und dem Volmetal. Die Bockwindmühle wurde bereits 1846 in Beeskow in der Mark Brandenburg erbaut und um 1900 mit Rollen und Winden komplett in die Fürstenwalderstraße von Beeskow umgesetzt. Dort wurde sie im April 1996 von ihren Besitzern zusammen mit Mühlbauern aus Mecklenburg und einem hiesigen Schreiner abgebaut. Im Juli 1996 begann man dann mit der Restaurierung und dem Aufbau der Windmühle in Breckerfeld. Und schon am 24. August, pünktlich zur 600-Jahr-Feier von Breckerfeld, drehten sich ihre riesigen Flügel erstmals im Wind.

Seither kann die Windmühle, die sich wunderschön ins Landschaftsbild einfügt, jeweils donnerstags, samstags und sonntags von 14 bis 18 Uhr besichtigt werden.

Auf dem Mühlengelände befinden sich zudem ein Kornspeicher und ein Backhaus mit original historischem Holzofen. Zu den Öffnungszeiten werden dort Mahlvorführungen vorgenommen und Brot und Backwaren der Mühlenbäckerei zum Verkauf angeboten. Der Kornspeicher stammt aus dem Soester Raum, er wurde in Breckerfeld als original historischer Lehmspeicher wiedererrichtet. Das Backhaus wurde schon anno 1755 in Heiden

im Kreis Borken im westlichen Münsterland als Dreiständer-Bauernhaus mit Backofen erbaut. Bis etwa 1920 lebten in diesem Haus Bauersleute mit Gesinde und Tieren unter einem Dach. Und bis in die 1960er-Jahre wurden im Backhaus noch Brot und Kuchen gebacken. Im März 1996 wurde das historisch bedeutsame Mühlen-Backhaus von einem Bauunternehmer aus dem Artland abgebaut und nach Breckerfeld „umgesiedelt". Dort wurde es von September bis Dezember 1996 im Originalzustand des 19. Jahrhunderts mit historischer Küche, Kammern und Backraum mit Holzofen wiederaufgebaut.

Die Windmühle in Breckerfeld steht inmitten eines historischen Mühlenhofes. Die Mühle kann manchmal besichtigt werden.

Winterabendstimmung auf den Berghöhen bei Breckerfeld.

Ein strahlender Wintermorgen an der Breckerfelder Windmühle.

ISERLOHN

Die Waldstadt Iserlohn liegt 20 Kilometer östlich von Hagen im nördlichen Sauerland. Erstmals urkundlich erwähnt wurde sie 1059. Im Jahre 1237 erhielt Iserlohn die Stadtrechte und war bis 1391 Münzstätte der Grafen von der Mark. Das Eisen verarbeitende Handwerk spielte hier schon früh eine große Rolle. 1394 wurden in Iserlohn die ersten Drahtrollen hergestellt. Im Mittelalter war die Stadt für ihre Schwertschmieden sehr bekannt.

Wahrzeichen der Stadt ist heute der Danzturm. Er steht oberhalb von Iserlohn auf dem 390 Meter hohen Fröndenberg, mitten im Stadtwald. Ein Turm mit Geschichte: Denn schon 1839 ließ die Königlich-Preußische Militärverwaltung auf dem Berg eine optische Telegrafenstation errichten. Diese Station bestand aus einem einstöckigen Gebäude mit einem hohen Turm. Auf diesem stand ein sechs Meter hoher Mast mit sechs beweglichen Flügeln, die, in entsprechende Positionen gebracht, über 4.000 verschiedene Zeichen darstellen konnten. So konnten bei günstiger Wetterlage Nachrichten auf große Entfernungen übermittelt werden.

1849 wurde der Turm zerstört und 1909 als Aussichtsturm wieder aufgebaut. Er ist heute 28 Meter hoch. Von seiner Aussichtsplattform genießt man bei gutem Wetter einen herrlichen Rundblick über das Sauerländische Mittelgebirge. Neben dem Turm befindet sich ein Panorama-Restaurant mit schönem Blick auf Iserlohn.

Ein beliebtes Naherholungsziel der Waldstadt ist auch der kleine Seilersee. Am berühmtesten ist aber die Dechenhöhle im Iserlohner Stadtteil Letmathe, gleich am Eingang des Lennetales: eine sehenswerte Tropfsteinhöhle mit einem Spezialmuseum für Höhlenkunde. Darüber hinaus lohnt ein Besuch des Stadtmuseums, das in einem der schönsten Barockgebäude der Stadt untergebracht ist.

Die Gegend rund um den Danzturm lädt zum Wandern geradezu ein.

Blick vom Danzturm auf Iserlohn.
Im bunten Herbstwald zeigt sich
der Schatten des Aussichtsturmes.

DIE DECHENHÖHLE

Die Dechenhöhle in Iserlohn-Letmathe zählt aufgrund ihres Formenreichtums zu den größten Sehenswürdigkeiten des Sauerlandes. Sie wurde 1862 beim Bau der Bahnstrecke Letmathe–Iserlohn per Zufall entdeckt: Zwei Arbeitern fiel beim Wegräumen der vom Hang losgebrochenen Felsmassen ein Hammer in einen Felsspalt. Sie kletterten hinterher und standen plötzlich völlig überraschend in einer geheimnisvollen Tropfsteinhöhle.

Schon einen Monat nach ihrer Entdeckung wurde die Höhle für den Besuch freigegeben. Heute führt eine Höhlenführung durch die unterirdische „Märchenwelt", sie dauert etwa 30 Minuten. In der Höhle herrscht eine konstante Temperatur von frischen 10 Grad Celsius. Zusammen mit einem Höhlenführer betritt man in kleinen Gruppen das felsige „Zauberreich". Staunend schreitet man durch 15 Gänge, Hallen und Grotten. Fast überall an Decken und Wänden gibt es größere und kleinere Tropfsteingebilde zu sehen. Mal erinnern sie an eine gewaltige Orgel oder an einen gerafften Vorhang, mal gleichen sie mehr Tiergestalten. Prunkstück der Höhle ist ein palmenähnlicher Stamm, der vom Boden drei Meter emporragt. Die vielgestaltigen, in Jahrhunderten entstandenen Tropfsteingebilde werden durch Lichtstrahlen prachtvoll in Szene gesetzt.

Öffnungszeiten:
Dezember bis Februar nur an den Wochenenden, März bis November sowie während der Weihnachtsferien in Nordrhein-Westfalen täglich geöffnet.

Auskunft: 02374/71421

Die Kaiserhalle in der Dechenhöhle.

◀ *Die Orgelgrotte in der Dechenhöhle.*

HEMER

Gleich in der Nachbarschaft von Iserlohn liegt die Stadt Hemer. Sie wurde bereits 1072 erstmals urkundlich erwähnt und präsentierte sich schon früh als typisch märkische Handwerksstadt: 1567 wurde hier die erste Papiermühle Westfalens und 1712 die erste Fingerhutmühle gegründet. Das Städtchen bietet aber auch zwei naturkundliche Sehenswürdigkeiten: ein „Felsenmeer" und eine Tropfsteinhöhle, die sogenannte Heinrichshöhle.

Das bekannte Felsenmeer von Hemer ist eine geologische Rarität in Deutschland. Entstanden ist es im Wesentlichen durch den Einsturz von mehreren nebeneinanderliegenden Karsthöhlen. Mit verursacht wurden die Felsbrüche aber wohl auch durch den jahrhundertealten Bergbau, wobei das Schürfen nach Erzen den Fels zusätzlich aushöhlte. Aufgrund seiner erdgeschichtlichen und kulturhistorischen Bedeutung wurde das Felsenmeer unter Naturschutz gestellt und darf nur auf dem breiten markierten Rundweg durchwandert werden.

Vom Felsenmeer ist es nicht allzu weit bis zur Heinrichshöhle, die die Besucher mit schönen Tropfsteinen erfreut und als die wildromantischste Höhle des ganzen Sauerlandes gilt. Sie wurde schon 1812 entdeckt und ist etwa 500 Meter lang. Die Tropfsteine in der unterirdischen Zauberwelt sind schon ca. 90.000 Jahre alt. In der Höhle fand man auch ein ca. 150.000 Jahre altes Höhlenbärenskelett, das ausgestellt ist. Während die vorderen Bereiche der Höhle mit zahlreichen Tropfsteingebilden geschmückt sind, bietet der hintere Bereich mit seinen bis zu 20 Meter hohen Klüften einen geradezu abenteuerlichen Anblick.

Öffnungszeiten der Höhle:
15. März bis 1. November   täglich von 10 bis 18 Uhr
2. November bis 14. März   nur Samstag/Sonntag 12 bis 16 Uhr

Auskunft: 02372/61549

Durch das Felsenmeer, das heute ein Naturschutzgebiet ist, führt ein bequemer Wanderweg.

DER NATURPARK EBBEGEBIRGE

Der 1964 gegründete Naturpark Ebbegebirge umfasst den größten Teil des südwestlichen Sauerlandes. Er dehnt sich teilweise von der bergischen Grenze bis zum mittleren Lennetal aus. Kernstück des Naturparks ist der raue Ebbegebirgskamm, der bis zu 663 Meter hoch ist. Der Name „Ebbe" taucht bereits 1248 zum ersten Mal urkundlich auf, seine Bedeutung und seine sprachliche Herkunft sind jedoch ungeklärt. Das gesamte Naturparkgebiet wird durch eine abwechslungsreiche Mittelgebirgslandschaft geprägt. Sie ist etwa zu zwei Dritteln stark bewaldet.

Charakteristisch für den Naturpark sind die vielen Talsperren, die man in keinem der anderen vier Sauerland-Naturparks – Arnsberger Wald, Homert, Rothaargebirge und Diemelsee – in so großer Zahl findet. Gleich acht Stauseen liegen im Naturpark Ebbegebirge verstreut: Von der kleinen Jubachtalsperre über dem Volmetal nördlich von Kierspe, über die Kerspetalsperre bei Rönsahl, die Genkeltalsperre südlich von Meinerzhagen, die Versetalsperre unweit von Lüdenscheid, die idyllische Fürwiggetalsperre und die reizende Oestertalsperre direkt am Ebbegebirgskamm, bis hin zur Listertalsperre und dem großen Biggesee zwischen Attendorn und Olpe reiht sich von West nach Ost fast ein Stausee an den anderen.

Die Besiedlung des Ebbegebirgsraumes begann schon im 8. Jahrhundert. Vielen Bauern blieb aber früher in dieser kargen Gegend größerer Wohlstand versagt. Zwar waren die Wälder reich an Wild, doch besaßen einzig die Bauern von Valbert am Südhang des Ebbekammes das uneingeschränkte Jagdrecht. Denn sie hatten im 14. Jahrhundert den Grafen Engelbert II. von der Mark aus seiner Gefangenschaft im Ebbegebirge befreit.

Der Genkelstausee bei Meinerzhagen inmitten der Wälder des Naturparks Ebbegebirge.

Naturpark-Idylle bei Herscheid-Niederholte.

Ein vereister Wasserfall unweit der Atta-Höhle in Attendorn.

HERSCHEID UND DIE VERSETALSPERRE

Am nordseitigen Fuße des Ebbegebirges liegt ein wirklich erholsamer Sauerland-Ort: Herscheid. Er wird von Berghöhen umrahmt. In seiner näheren Umgebung liegen gleich drei Stauseen: die Verse-, die Fürwigge- und die Oestertalsperre.

Der Ort wird bereits im Jahre 904 erstmals in einer Schenkungsurkunde von König Ludwig IV., genannt das Kind, erwähnt. Neben Landwirtschaft, Fischfang und Jagd bildete vor allem das Schmiedehandwerk bis Anfang des 19. Jahrhunderts die Existenzgrundlage der Bewohner des recht einsam gelegenen Dorfes. Darüber hinaus nutzten sie die dichten Fichten- und Buchenwälder des Ebbegebirges. Vor allem jedoch konnten die Herscheider den Wasserreichtum der Gebirgsbäche schon frühzeitig in kleinen Hammerwerken und Schmieden nutzen. Erst Jahrhunderte später wurden in den umliegenden Tälern die drei Stauseen angelegt. Der zwischen Herscheid und Werdohl gelegene Schwarze-Ahe-Hammer von 1562 blieb bis heute erhalten und steht mittlerweile unter Denkmalschutz.

Die Versetalsperre konnte dagegen erst 1952 fertiggestellt werden. Sie blickt auf die längste Entstehungsgeschichte aller Sauerland-Talsperren zurück, denn 23 Jahre lang war sie eine Baustelle. Ein 320 Meter langer Damm staut seither das Wasser des Gebirgsbaches Verse und sorgt für die Trinkwasserversorgung der Höhenstadt Lüdenscheid.

Am Westufer der Talsperre führt eine Straße entlang. Bei der sehenswerten achtbogigen Klamer Brücke wurde ein schöner Parkplatz angelegt. In unmittelbarer Nähe führt rings um die Hokülbucht der Talsperre ein interessanter Waldlehrpfad. Am Ostufer des Stausees wurde ebenfalls ein Wanderweg angelegt.

Blick von Herscheid zum Ebbegebirge.

Stimmungsvoller Nachmittag am
Ostufer der Versetalsperre.

Die Klamer Brücke überspannt einen Seitenarm der Talsperre.

DIE SAUERLÄNDER MUSEUMS-EISENBAHN

Unweit von Herscheid, im Norden der Ostertalsperre, wartet an einigen Sommer-Sonntagen eine ganz besondere Attraktion auf Interessierte: eine Museums-Eisenbahn.

Sie pendelt zwischen dem kleinen Dorf Hüinghausen und einem Plettenberger Vorort hin und her. Auf der Schmalspurlinie verkehren Diesellokzüge und eine echte Dampfeisenbahn. Die knapp drei Kilometer lange Bahnstrecke stellte die Stadt Plettenberg zur Verfügung, nachdem die einstige Bahnlinie Plettenberg–Herscheid 1969 stillgelegt wurde. Zur Erinnerung zischt heute noch die Museumsbahn fauchend und pfeifend durch die Sauerlandberge. Hier kommt Eisenbahnromantik wie zu „Opas Zeiten" auf – mitten im Sauerland.

Auch das mittlerweile unter Denkmalschutz stehende Bahnhofsgebäude von Hüinghausen konnten die „Märkischen Eisenbahnfreunde" erwerben. Sie schafften es auch, Wagen der 1982 stillgelegten Inselbahn Juist, die ehemals im Kreis Altena eingesetzt waren, ins heimatliche Sauerland zurückzuholen. Gegen Ende des 19. Jahrhunderts gab es im Sauerland eine ganze Reihe dieser schmalspurigen Eisenbahnen. Sie wurden alle stillgelegt.

Abfahrtszeiten und Informationen zu den Fahrtagen finden Sie unter:
www.sauerlaender-kleinbahn.de

Eine Diesellok der Sauerländer Museums-Eisenbahn.

DIE OESTERTALSPERRE

Östlich von Herscheid liegt ein weiterer wunderschöner Stausee zu Füßen der Berghöhen: die Oestertalsperre. Sie ist kleiner und lieblicher als die benachbarte große Versetalsperre zwischen Herscheid und Lüdenscheid, aber nicht so buchtenreich wie der von Wald umgebene Fürwiggesee.

Die Oestertalsperre liegt direkt unter den 600 Meter hohen Waldhängen des Ebbegebirgskammes. Eine altehrwürdige, 36 Meter hohe Sperrmauer, die bereits in den Jahren 1904 bis 1906 erbaut wurde, staut das Wasser des Oesterbaches auf. Direkt an der Mauerkrone befindet sich ein schönes Gasthaus mit großen Panoramafenstern zum Stausee hin. Am jenseitigen Ufer führt ein Waldwanderweg entlang. Bis zur DLRG-Station, die in einer hübschen Badebucht liegt, ist der Weg noch asphaltiert, danach geht er in einen Splittweg über. Von einer Landzunge hat man bald darauf einen hervorragenden Ausblick auf den See und die 231 Meter lange Staumauer, die 3,1 Millionen Kubikmeter Wasser anstaut. Nahezu vier Kilometer kann man am Ufer der Oestertalsperre entlang wandern, bis zu ihrem begrünten Westzipfel, an dem sich ein kleiner Campingplatz befindet und zeitweise eine Reihe von Wasservögeln zu beobachten ist.

Blick von den Höhen des Sümberges auf die Oestertalsperre.

Der malerische Blick über den See auf die Oestertalsperre.

Blick über die vereiste Talsperre zur Nordhelle.

DIE NORDHELLE

Das Ebbegebirge ist ein ungemein langer Höhenzug, der sich zwischen Meinerzhagen und dem Lennetal bei Plettenberg hinzieht.

Der vollkommen bewaldete Gebirgskamm gipfelt in der 663 Meter hohen Nordhelle, dem höchsten Punkt des gesamten westlichen Sauerlandes. Auf einem gut ein Kilometer langen Waldweg, der am Wanderparkplatz an der Höhenstraße Reblin–Valbert beginnt, lässt sich die Nordhelle relativ leicht besteigen. Auf dem Gipfel stehen eine kleine Rasthütte, die manchmal bewirtschaftet ist, ein riesiger Sender und der altehrwürdige Robert-Kolb-Aussichtsturm, von dem man an klaren Tagen eine hervorragende Rundsicht übers ganze westliche Sauerland genießt.

An manchen Wintertagen präsentiert sich der Gipfelkamm als tief verschneites Schneeparadies. Dann ist die Nordhelle ein beliebtes Loipen- und Skirevier. In Herscheid-Reblin, auf der Nordseite des Berges, gibt es einen Skilift.

Weiter westlich erhebt sich ein weiterer Aussichtsturm: der 539 Meter hohe Lüdenscheider Homert. Von der Plattform des 20 Meter hohen steinernen Turmes kann man an klaren Tagen einen großen Teil des Märkischen und Oberbergischen Landes überschauen – manchmal reicht der Blick gar bis zum Siebengebirge bei Bonn.

Frühling in Reblin am Fuße der Nordhelle.

DIE FÜRWIGGETALSPERRE

Die waldumkränzte Fürwiggetalsperre am Fuße des Ebbegebirges zwischen Herscheid und Meinerzhagen ist ein Kleinod unter den vielen Stauseen im Märkischen Sauerland, denn sie ist nicht nur die höchstgelegene, sondern landschaftlich auch die idyllischste aller Talsperren im Sauerland.

Gleich mit fünf Armen greift der türkisgrüne, buchtenreiche See tief in die Waldberge des Naturparks Ebbegebirge hinein und verleiht der Talsperre ein fast nordisches Gepräge. An den fünf Buchten, in denen die wasserreichen Bäche des Ebbekammes münden, findet sich so manch entlegener Seewinkel. Verschilfte Uferränder bieten günstige Verstecke für zahlreiche Wassertiere. In den natürlichen Feuchtbiotopen der Quellbäche kann man zuweilen Eisvögel, Grasfrösche, Erdkröten und Zauneidechsen beobachten.

Um den lieblichen Stausee führt ein 4,5 Kilometer langer Rundweg. Er bietet unvergleichliche malerische Landschaftseindrücke. Auch die altehrwürdige Sperrmauer ist eine Attraktion. Sie ist 166 Meter lang und 29 Meter breit und wurde bereits zwischen 1902 und 1904 erbaut. Sie steht mittlerweile unter Denkmalschutz und staut 1,66 Millionen Kubikmeter Trinkwasser. Alle paar Jahre friert der Stausee komplett zu. Als man im März 2006 das Wasser der Talsperre teilweise ablaufen ließ, glich das Talsperrenbett einem Gletschersee.

Blick von der Fürwiggetalsperre zum Ebbegebirge.

Die altehrwürdige Sperrmauer an der Fürwiggetalsperre.

Im März 2006 glich die Talsperre einem Gletschersee.

MEINERZHAGEN

Eingebettet in die Wälder des Märkischen Sauerlandes liegt am Westrand des Ebbegebirges die Stadt Meinerzhagen. Der Einsiedler Meinhardus soll hier um 860 eine Kapelle gebaut haben. An ihn erinnert heute noch die Meinhardus-Mattenschanze. Vor vier Jahrzehnten war sie die größte Matten-Sprungschanze Deutschlands, auf der früher alljährlich große Skispringen stattfanden, bei denen fast die gesamte Weltelite am Start war.

Den Mittelpunkt von Meinerzhagen bildet eine historisch interessante spätromanische Emporenbasilika, die bereits um 1220 errichtet wurde: die Jesus-Christus-Kirche.

Südlich von Meinerzhagen liegt, ganz versteckt in einem kleinen Waldtal, eine weitere Rarität: das Wasserschloss Badinghagen aus dem 17. Jahrhundert, ein romantisch verspieltes Schlösschen aus Bruchsteinen und Fachwerk.

Die Umgebung von Meinerzhagen hat einen hohen Freizeitwert, denn nicht weniger als neun Talsperren finden sich im weiteren Umkreis rings um die Sauerland-Stadt. Eine von ihnen, die Genkeltalsperre, ragt mit ihrem nördlichen „Arm" fast bis an den Ortsrand von Meinerzhagen. Sie schlummert wie ein Schwarzwaldsee zu Füßen des 506 Meter hohen Unnenberges inmitten bewaldeter Berghöhen und zählt zu den landschaftlich schönsten Stauseen der Umgebung. Ein beliebtes Ausflugsziel ist auch das Berggasthaus Eckern ganz im Osten der Stadt, bei der Ortschaft Hardenberg. Es bietet einen beeindruckenden Panoramablick aufs Ebbegebirge und hinunter ins Listertal. Das nahe Naturschutzgebiet des Gleyers (521 Meter) lädt darüber hinaus zum Wandern, Rodeln und Skilaufen ein.

Das romantische Wasserschloss Badinghagen bei Meinerzhagen.

Am Vorstaubecken der Genkeltalsperre unweit von Meinerzhagen.

Blick auf den Stadtkern von Meinerzhagen, im Hintergrund die Meinhardus-Mattenschanze.

II. Die Ferienregion Biggesee/Südsauerland

Rund um den Biggesee im Südsauerland breitet sich eine zwar kleine, aber feine Ferienregion aus. Das bewaldete Bergland südlich des Ebbegebirges lockt mit viel Natur, zwei interessanten Stauseen, einem der schönsten Aussichtsberge des Sauerlandes, zahlreichen hübschen Dörfern mit alten Fachwerkhäusern und nicht zuletzt mit der wohl schönsten Tropfsteinhöhle Deutschlands: der sagenumwobenen Atta-Höhle von Attendorn. Alle großen Attraktionen sind heute Teil des Naturparks Ebbegebirge.

Auf den Höhen und in den Tälern findet man weitere Zeugen längst vergangener Zeiten: die mächtige Burg Schnellenberg bei Attendorn, die Burg Bilstein (heute Jugendherberge) oder Schloss Adolfsburg bei Oberhundem. Weit über die Grenzen des Sauerlandes hinaus bekannt wurde die gesamte Region durch die alljährlich stattfindenden Karl-May-Festspiele in Elspe.

Der Biggesee ist einer der größten Stauseen in NRW. Einfach war der Bau nicht. Abgesehen vom ungeheuren technischen Aufwand, der zur Errichtung des Staudamms nötig war, mussten im Tal der Bigge, in dem sich heute der See ausbreitet, zwischen 1960 und 1965 annähernd 2.400 Einwohner umgesiedelt werden. Sie mussten Haus und Hof im Talbett verlassen, für sie errichtete man an den Hängen des Stausees neue Dörfer, wie Sondern und Neu-Listernohl. Auch Eisenbahnlinie und Straßen mussten dem Stausee weichen: für sie baute man die sehenswerten Doppelstockbrücken.

Panoramablick auf den Biggesee vom Hotel „Schnütgenhof" aus.

◄ *Blick auf die Listertalsperre und das Dorf Windebruch.*

ATTENDORN

Attendorn liegt nördlich des Biggesees und ist eines der beliebtesten Ausflugziele im Sauerland. Der sehenswerte Ort ist schon um 700 n. Chr. entstanden. Er besitzt gleich mehrere Sehenswürdigkeiten: die berühmte Atta-Höhle, den 20 Kilometer langen Biggesee, den großartigen Sauerländer Dom aus dem 12. und 14. Jahrhundert mit seiner barocken Pracht im Inneren und eine mächtige Burganlage, die jedoch etwas außerhalb der Stadt liegt: Burg Schnellenberg. Sie wurde schon 1222 erstmals erwähnt und thront östlich von Attendorn auf einem Bergvorsprung hoch über dem Biggetal. In ihr befindet sich heute ein romantisches Burg-Hotel mit einem Restaurant, das seinen Gästen u.a. ein genussvolles Rittermahl serviert. Bei Dunkelheit wird die Burg märchenhaft beleuchtet. Sie wurde von 1222 bis 1225 erbaut, als Erzbischof Engelbert von Köln Attendorn als Markt- und Grenzort mit starken Wehranlagen versehen ließ und zur Stadt erhob. Heute noch sind mit dem Bieke- und Pulverturm Teile der alten Stadtbefestigung erhalten. Fährt man von der Burg weiter ostwärts, kommt man ins Repetal, ein verträumtes Hochtal inmitten einzigartiger Natur, in dem kleine Dörfer mit alten Fachwerkhäusern und gepflegten Hotels liegen.

Blick auf Attendorn.

Die Waldenburg-Kapelle bei Attendorn am Biggesee.

Die Burg Schnellenberg wurde im 17. Jahrhundert zur mächstigsten Burganlage im Sauerland ausgebaut.

DIE ATTA-HÖHLE

Die Atta-Höhle ist Deutschlands größte und schönste Tropfsteinhöhle. Sie zählt sogar zu den eindrucksvollsten Tropfsteinhöhlen Westeuropas und präsentiert zahlreiche, in vielen Millionen Jahren gewachsene Tropfsteingebilde: märchenhafte Grotten, bizarre Figuren und bis zu vier Meter hohe Tropfsteinsäulen, dazu feine Gewebe, die wie Vorhänge von der Decke hängen, und faszinierende Kristalle, die wie Diamanten funkeln. Nicht umsonst wird die Atta-Höhle als Königin unter den deutschen Höhlen bezeichnet.

Bei einer 40-minütigen Höhlenführung erlebt man 100 Meter unter der Erde in 43 Grotten die Faszination der Stalagmiten und Stalaktiten. Am prachtvollsten sind die Alhambragrotte, der Feensaal, die Ruhmeshalle, die Kaisergrotte, der Arkadengang und die Kerzenhalle. Alljährlich wandern über 300.000 Besucher aus aller Welt im „Zauberberg" des Südsauerlandes umher, um die von der Natur geschaffenen Kunstwerke zu sehen. Von den Gängen aus kommen die versteinerten Paläste mit ihren prächtigen, aus Kalk modellierten „Gnomen", „Zwergen", „Eisbären" oder „Feen" richtig zur Geltung.

Höhlenführungen finden das ganze Jahr hindurch fast täglich statt. Man sollte jedoch beachten, dass in der Höhle eine konstante Temperatur von nur ca. 9 Grad Celsius herrscht, sommers wie winters.

Entdeckt wurde die nach der sagenumwobenen Fürstin Atta benannte Höhle bei Steinbrucharbeiten am 19. Juli 1907. Es war eine aufregende Sache damals: Nach einer Sprengung

in den ehemaligen Biggetaler Kalkwerken war ein höchst seltener Berg freigelegt. Mit Laternen und Stricken ausgerüstet, glichen die Steinbrucharbeiter beim ersten Einstieg abenteuerlichen Höhlenforschern. Wie gebannt standen sie dann vor einem Wunder der Natur, das in Jahrmillionen gewachsen und geformt wurde.

Auskunft Atta-Höhlen-Führungen:
Tel.: 02722/9375-0

*Das Prunkstück der Atta-Höhle
in der Ruhmeshalle.*

Die märchenhafte Alhambragrotte.

DER BIGGESEE

Zwischen den Städten Olpe und Attendorn liegt der Biggesee, einer der größten Talsperrenseen Deutschlands. Der ca. 20 Kilometer lange See mit seinen vielen Nebenarmen ist von besonderer landschaftlicher Schönheit. Fast neun Jahre lang – von 1957 bis 1965 – hatte man an dem Stausee gebaut. Das Hauptabsperrwerk ist ein aufgeschütteter Damm, der 52 Meter hoch und an der Talsohle 220 Meter breit ist. Seine Länge beträgt sogar 640 Meter.

Von Ostern bis Oktober verkehren die drei großen Schiffe der Weißen Flotte, die „MS Westfalen", die „MS Bigge" und die „MS Sauerland", fahrplanmäßig auf dem großen Stausee. Vor allem bei strahlendem Sommerwetter ist es ein unvergessliches Erlebnis, sich auf den Oberdecks eine Brise Seeluft um die Nase wehen zu lassen. Unterwegs geht's unter Talbrücken hindurch und an zwei Doppelstockbrücken – oben die Straße, unten die Eisenbahntrasse – vorbei. Start und Ziel einer großen Schiffsrundfahrt ist die Anlegestelle in Sondern.

Mitten im See liegt eine 100 Hektar große Insel. Sie ist Naturschutzgebiet und ein Eldorado für viele Tiere, insbesondere für Wasservögel.

Oberhalb des Biggesees gibt es zwei schöne Panorama-Gasthäuser: den „Schnütgenhof" am Listerarm des Biggesees und ein Panorama-Café am Yachthafen.

Blick vom Dünneckenberg (390 Meter) auf den Biggesee.

Frühlingsstimmung am Biggesee bei Sondern.

Die Biggesee-Bahn auf der Listertalbrücke.

DIE LISTERTALSPERRE

Die Talsperre im Listertal zwischen Attendorn und Olpe existierte schon lange vor dem Bau des Biggesees. Bereits 1912 war im Listertal dieser sechs Kilometer lange See angelegt worden. Heute ist die Listertalsperre ein Seitenarm der Biggetalsperre.

Die Listertalsperre ist ein beliebtes Erholungs- und Freizeitgebiet. Im westlichen Teil des Sees, zwischen den Ortschaften Windebruch und Hunswinkel, sind Camping und Wassersport wie Segeln und Surfen gestattet. Der östliche Seebereich wurde hingegen auf zwei Kilometern Länge zum Schutzgebiet erklärt, weil dort Wasser für ein Aufbereitungswerk entnommen wurde. Daneben wird die Talsperre auf umweltfreundliche Art zur Stromerzeugung genutzt. Denn hinter der sehenswerten, 40 Meter hohen Lister-Sperrmauer ergießt sich das Wasser aus über 12 Metern Fallhöhe in den Biggesee, was in einem Kraftwerk genutzt wird.

Die fast 100 Jahre zählende Sperrmauer ist an ihrer Talsohle sagenhafte 30 Meter dick, oben auf der Mauerkrone aber nur noch ganze fünf Meter breit. Die hier aufgestauten Wassermassen haben schon „zu Kaisers Zeiten" die ganze Gegend mit Strom versorgt. Fährt man vom Parkplatz an der Sperrmauer auf der Uferstraße am See entlang nach Windebruch und weiter in Richtung Hunswinkel, so erblickt man bald am jenseitigen Seeufer den großen Fachwerkhof von Gut Kalberschnacke. Dort ermöglicht eine Brücke die Überfahrt auf die andere Seeseite, wo es einen schönen Seeuferweg beim Ferienhof Wörmge gibt. Auf dieser „Promenade" kann man ca. vier Kilometer bis hin zur Sperrmauer entlang wandern. Im Sommer sieht man dann draußen auf dem See oft viele Segler und Surfer, die über den See kreuzen oder mit im Wind flatternden Segeln bis nahe ans Ufer heranbrausen.

Auch Schwäne und Enten sind am Listersee zu Hause.

Ein stimmungsvoller Sommerabend an der Listertalsperre.

FINNENTROP

Mitten im Herzen des Sauerlandes, im Lennetal, nördlich des Biggesees, liegt ein kleines altes Städtchen mit dem nordischen Namen Finnentrop. Dort zweigt die reizvolle Nebenlinie nach Attendorn und Olpe von der Haupteisenbahnstrecke Hagen–Siegen ab. Mittelpunkt des Städtchens ist ein modernes Erlebnisbad – das „Finto" – mit einer zu diesem Ort passenden original finnischen Sauna.

Zu Finnentrop gehören heute mehrere Dörfer der Umgebung wie Schönholthausen, Schliprüthen, Lenhausen und Rönkhausen. Recht sehenswert ist vor allem der Ortsteil Lenhausen mit seinem alten Wasserschloss. Das Schloss wurde zwischen 1313 und 1338 erbaut und ist noch gut erhalten. Von außen kann man es sehr schön betrachten.

Einen „Hauch von Nordfinnland" mit Nadelwäldern und weitreichenden Ausblicken ins Lennetal und über das südliche Sauerland erlebt man entlang der großartigen Berg- und Höhenstraße von Finnentrop-Rönkhausen im Lennetal über die Hohe Lenscheid (507 Meter) zum kleinen Wintersportort Wildewiese am Fuße des Schombergs (648 Meter).

Noch interessanter ist für manch einen das bei Rönkhausen im Glingetal liegende Pumpspeicherwerk. Denn es besitzt ein Oberbecken in 570 Metern Höhe auf einer Bergkuppe. Um den künstlich angelegten Dahlbergsee führt ein Spazierweg, von dem man einen großartigen Panoramablick bis zum Rothaargebirge genießt. Die 275 Höhenmeter tiefer liegende Glingebachtalsperre ist durch unterirdisch verlegte Druckstollen mit diesem Bergsee verbunden. Wenn der Stromverbrauch Spitzenwerte erreicht, stürzen die Wassermassen des Obersees durch die Stollen zum 1969 erbauten Kraftwerk ins Glingetal hinunter.

Finnentrop ist ein Bahnknotenpunkt im Sauerland.

Das Gewässer im Glingebachtal bei Finnentrop-Rönkhausen.

Das Wasserschloss Lenhausen ist seit dem 15. Jahrhundert im Besitz der Familie Plettenberg-Lenhausen.

OLPE AM BIGGESEE

Olpe ist die Kreisstadt des gleichnamigen Kreises und liegt am äußersten Südzipfel des Biggesees. Sie wird 1220 erstmals urkundlich erwähnt und erhielt bereits 1311 Stadtrechte. Da Olpe im Mittelalter viermal durch Brände völlig zerstört wurde, besitzt es keinen historischen Stadtkern mehr. Erhalten blieben bis heute lediglich der Hexenturm und der Südturm aus dem 14. Jahrhundert, Teile der früheren Stadtbefestigung.

Die schönsten Freizeitziele Olpes bietet die malerische Seelandschaft des nahen Biggesees. Rund um Olpe liegen zudem mehr als ein Dutzend liebliche Sauerlanddörfer verstreut, die alle zur Stadt gehören. Landschaftlich recht reizvoll ist vor allem das Brachtpetal oberhalb von Olpe-Rosenthal. Dort liegt die romantische Eichenermühle mit kleinem Teich, idyllisch eingebettet in die Natur. Das Tal zieht sich hinter Berlinghausen hinauf bis nach Iseringhausen-Halbhusten an der Silberkuhle (515 Meter), ein geschichtsträchtiger Berg ganz am Westrand des Sauerlandes, denn hier wurde in längst vergangenen Zeiten nach dem wertvollen Silber geschürft.

Das Olper Skigebiet liegt genau entgegengesetzt im Osten der Stadt, beim winzigen Dörfchen Fahlenscheid. Dort befindet sich ein alpiner Skihang mit zwei Schleppliften und einem Berggasthaus auf fast 600 Metern Höhe.

Die „MS Westfalen" auf dem Biggesee bei Olpe-Sondern.

*Die romantische Eichenermühle
zwischen Olpe und Drolshagen.*

Blick von Frenkhausen auf Olpe.

KREUZTAL-KROMBACH

Das Dorf Krombach am Fuße des Kindelberges ist weitaus bekannter als die Industriestadt Kreuztal, zu der es 1969 eingemeindet wurde. Denn direkt im Ort, an der Grenze vom Sauerland zum Siegerland, steht eine der bekanntesten Bierbrauereien Deutschlands. Sie nutzt das hervorragende Felsquellwasser der Sauerlandhöhen.

Die Stadt Kreuztal präsentiert sich dagegen als moderne Stadt. Sie erstreckt sich über vier waldreiche Täler und wurde 1969 durch den Zusammenschluss von elf Gemeinden rund um den früheren Hauptort Ferndorf gebildet. Westlich von Kreuztal, an der Straße nach Wenden, das im südlichsten Sauerlandzipfel liegt, findet man noch ein ganz altes Schlösschen mit einem sehenswerten Rittersaal aus dem 16. Jahrhundert: Schloss Junkernhees. Heute ist hier ein Hotel-Restaurant eingerichtet.

Hoch über dem Ort Krombach ragt der geschichtsträchtige Kindelsberg (618 Meter) auf, der wie ein Eckpfeiler des Rothaargebirges über den Tälern von Kreuztal steht. In der Umgebung des Berges wurde von etwa 500 v. Chr. bis 1965 nach Erzen geschürft. Mittlerweile ist auch die letzte Grube stillgelegt. Der Gipfel verspricht dagegen auch heute noch an schönen Tagen eine ungemein weitreichende Aussicht. Da die Bergkuppe bis oben hin bewaldet ist, ließen die Krombacher vor Jahrzehnten auf dem Berg einen Turm erbauen. Von der Brauerei gesponsert, wurde der Steinturm 22 Meter hoch und ermöglicht an klaren Tagen eine umfassende Rundsicht über weite Teile des Siegerlandes und Südsauerlandes. Neben dem Turm steht eine zünftige Rasthütte für Wanderer. Vom Krombacher Nachbarort Littfeld führt ein kleines, bequem begehbares Sträßchen zum Kindelsberg hinauf. Zwischen Littfeld und Müsen, unweit des Kindelsberges, erinnert heute die Ausgrabungsstätte „Altenberg" mit Spuren einer mittelalterlichen Erzbergbau-Siedlung an den jahrhundertealten Erzabbau.

Schloss Junkernhees aus dem 16. Jahrhundert beherbergt heute ein Hotel-Restaurant.

◄ *Blick von Krombach zum 618 Meter hohen Kindelsberg.*

HILCHENBACH UND DIE GINSBURG

Der Luftkurort Hilchenbach liegt im Quellgebiet von Eder und Sieg an den Südhängen des Rothaargebirges. Die Naturparkgemeinde grenzt an das Sauerland, das Siegerland und die Region Wittgenstein. Eine erste urkundliche Erwähnung Hilchenbachs stammt aus dem Jahre 1292.

Noch älter ist die Ginsburg aus dem 11. Jahrhundert, sie ist heute die größte Sehenswürdigkeit von Hilchenbach. Die restaurierte Burgruine thront in der Nähe der Ortschaft Lützel auf einem steilen Bergvorsprung des Rothaargebirges – hoch über den Quelltälern der Sieg. Die Ginsburg ist vor allem ein beliebtes Ausflugsziel für Holländer, denn sie war 1568 Ausgangspunkt des Kampfes zur Befreiung der Niederlande.

Von den Wanderparkplätzen am Naturschutzgebiet „Ginsberger Heide" ist die Ruine in einer Viertelstunde leicht erreichbar. Oben erwartet eine Burggaststätte die Spaziergänger. Ein Besuch des hochragenden Burgturmes, der heute vorwiegend als Aussichtsturm dient, ist sehr zu empfehlen. Richtig idyllisch präsentiert sich dabei die Rothaar-Bahn, die sich in Riesenkehren von Hilchenbach auf die Kammhöhe des Rothaargebirges emporwindet: Von der Ginsburg aus wirken die roten Züge unten beim Dorf Vormwald wie Spielzeugbahnen. Sie befahren eine wirklich reizvolle Bahnstrecke, die zwischen Hilchenbach-Lützel und Erndtebrück das Rothaargebirge überquert und bis nach Bad Berleburg führt.

Am Rande von Lützel, direkt am Rothaarsteig liegt beim Wintersportzentrum auf 653 Metern Höhe das beliebte Naturschutzgebiet „Ginsberger Heide". Von der vielbesuchten Heidehochfläche kann man auf dem Rothaarsteig ganz bequem zur 600 Meter hoch gelegenen Oberndorfer Passhöhe hinüberwandern. Dort steht die kleine malerische Rothaarhütte, ein Wandertreff. Sie ist die wohl urigste Hütte am gesamten Rothaarsteig und „bewacht" unweit von Hilchenbach-Oberndorf den Pass-Übergang vom Sauerland ins Siegerland.

Blick auf Hilchenbach-Vormwald am Rothaargebirge.

Im historischen Ortskern von Hilchenbach.

Die Rothaarhütte auf der Oberndorfer Höhe am Rothaarsteig.

DIE HOHE BRACHT

Die Hohe Bracht (584 Meter) zwischen Lennestadt-Bilstein und Lennestadt-Altenhundem zählt zwar nicht zu den höchsten Erhebungen des Sauerlandes, ist aber zweifellos eine der schönsten Aussichtslogen im „Land der tausend Berge".

Vor allem das nahe, tief eingeschnittene Lennetal und die im Hintergrund aufragenden Kuppen der Saalhauser Berge und des Rothaargebirges bilden ein einzigartiges Panorama. Da überrascht es nicht, dass man schon in den Jahren 1929/30 auf der Hohen Bracht einen großen Aussichtsturm mit einer Berggaststätte erbaute. Am 11. Oktober 1930 konnte der Turm in Anwesenheit von über 5.000 Gästen seiner Bestimmung übergeben werden. Live dabei war seinerzeit auch der Westdeutsche Rundfunk, der die Einweihungsfeier als erste Direktübertragung aus dem Sauerland sendete.

Da die Hohe Bracht sozusagen im „Mittelpunkt" des Sauerlandes aufragt, hat man von dieser hohen Warte einen vorzüglichen Blick über einen großen Teil des zentralen und südlichen Berglandes bis hin zum Kahlen Asten (841 Meter). Bei klarem Wetter sind am südlichen Horizont auch die Höhen des Westerwaldes zu erkennen. Dann lohnt es sich

erst recht, die 140 Stufen des 36 Meter hohen Aussichtsturmes emporzusteigen. Blickfang bleibt stets die Sicht auf Lennestadt unten im Talboden, es wird überragt von der 602 Meter hohen Kuhhelle. Dahinter erstreckt sich ein endloses Meer von Bergkuppen bis zum Horizont. Grüne Dünen im Sommer, farbenprächtig im Frühjahr und Herbst und oftmals weiß überzuckert im Winter. Dann lädt die Hohe Bracht auch zum Skilaufen ein. Es gibt eine 800 Meter lange Piste mit Lift und drei Loipen.

Der Aussichtsturm auf
der Hohen Bracht.

LENNESTADT UND SEINE DÖRFER

Lennestadt liegt zwischen den Ausläufern des Ebbe- und Rothaargebirges in einer tief eingeschnittenen Talmulde der Lenne und ihrer Seitentäler. Die Stadt entstand 1969 aus der Zusammenlegung mehrerer Gemeinden und Dörfer. Die bekanntesten sind Elspe, Grevenbrück, Meggen, Kirchveischede, Bilstein, Altenhundem und Saalhausen.

Das 1000-jährige Elspe ist weit über die Grenzen des Sauerlandes hinaus bekannt durch die alljährlichen Karl-May-Festspiele. Diese finden stets von Juni bis September auf einer Freilichtbühne mit Felsenkulisse statt. Zwischen 1976 und 1986 stieg hier auch „Winnetou" Pierre Brice unzählige Male als Apachen-Häuptling in den Sattel.

Das moderne Zentrum Lennestadts bildet heute der Ort Altenhundem. Er liegt inmitten hochragender Sauerlandberge in der Talsenke zwischen Hoher Bracht und Kuhhelle (602 Meter). Westlich von Altenhunden liegen die beiden Feriendörfer Kirchveischede und Bilstein. Mit seinen schmucken Fachwerkhäusern ist Kirchveischede einer der schönsten Orte im Südsauerland. Einige Häuser besitzen noch sehr schöne Deelentore aus dem 18. Jahrhundert. Der Nachbarort Bilstein wird von einer alten Burg aus dem 12. Jahrhundert überragt, die heute als Jugendherberge genutzt wird. Und gleich gegenüber erhebt sich einer der schönsten Aussichtsgipfel des gesamten Sauerlandes – die Hohe Bracht.

Zu Lennestadt gehören auch die beiden hübschen Wanderdörfer Saalhausen und Milchenbach, die bereits im Hochsauerland liegen. Der Luftkurort Saalhausen (300 Meter) im oberen Lennetal wird von fast 700 Meter hohen Gipfeln überragt – den Saalhauser Bergen. In der Ortsmitte liegt ein malerischer Kurpark. Das benachbarte Fachwerkdorf Milchenbach – Bundesgolddorf im Jahre 1989 – schlummert in einem kleinen Seitental der Lenne. Von hier führen schöne Wanderwege zu den Höhen des Rothaargebirges hinauf. Eine schöne Aussicht bietet der Kamm des Kahle Berges (711 Meter). Westlich der Berghöhe steht ganz versteckt im Wald eine Gebirgshütte: das sogenannte „Alpenhaus". Es wurde 1934 vom Essener Alpenverein erbaut und wird wie eine Alpenhütte geführt – einzigartig im Rothaargebirge.

Ausblick vom Turm auf der Hohen Bracht auf das winterlich verschneite Lennestadt.

Wunderschön zwischen den Sauerlandbergen liegt das Fachwerkdorf Milchenbach bei Lennestadt.

Die mittelalterliche Burg Bilstein in Lennestadt-Bilstein.

KIRCHHUNDEM

Südlich von Lennestadt, zu Füßen bewaldeter Sauerlandberge liegt die Gemeinde Kirchhundem, die schon im 11. Jahrhundert erwähnt wurde. Rund um die Pfarrkirche aus dem 13. Jahrhundert mitten im engen, alten Ortskern findet man noch ein paar malerische Fachwerkhäuser. Gleich nebenan steht auch das Rathaus des Ortes, das mehr als zwei Dutzend Dörfer in der Umgebung verwaltet, von Rahrbach, Welschen-Ennest und Benolpe bis hinüber nach Heinsberg, Albaum und Oberhundem unweit des Panoramaparks. Am bekanntesten ist zweifellos Oberhundem (420 Meter), ein Luftkurort mit lebhaftem Fremdenverkehr.

Gleich am Ortseingang liegt das ehemalige Wasserschloss Adolfsburg. Seine rötlichen Burgmauern leuchten inmitten grüner Wiesen am Fuße des Rothaargebirges. Erbaut wurde die große, kastellartige Wasserburganlage 1676/77 von Ambrosius von Oelde. Sie war mit kaiserlichem Privileg errichtet worden und stand anfangs im Besitz von Adolf von Fürstenberg, der von hier aus Jagdausflüge ins Rothaargebirge unternahm. Das Schloss befindet sich heute noch in Privatbesitz, ist aber von außen (samt Innenhof) zu besichtigen. Darüber hinaus gibt es in Oberhundem ein sehenswertes Stickereimuseum.

Inmitten der herrlichen Wälder des Rothaargebirges entstand sechs Kilometer oberhalb des Dorfes der bekannte „Panoramapark Sauerland", in den das schon viele Jahrzehnte bestehende „Hochwildschutzgehege Rothaargebirge" integriert wurde. Weitere zwei Kilometer oberhalb des Parkgeländes steht auf der Kammhöhe des Westerberges (667 Meter) der Rhein-Weser-Turm. Der 30 Meter hohe Turm wurde 1932 in nur 77 Tagen Bauzeit errichtet und trägt seinen Namen nach der hier verlaufenden Wasserscheide zwischen Rhein und Weser. Von seiner Aussichtsplattform hat man einen schönen Rundblick übers südliche Sauerland. Die angrenzende, ganzjährig bewirtschaftete Berggaststätte bietet sogar Übernachtungsmöglichkeiten. Ausgezeichnete Wanderwege, gespurte Langlaufloipen und interessante Mountainbikestrecken laden darüber hinaus zu sportlichen Aktivitäten ein.

*Schloss Adolfsburg
in Oberhundem.*

Das sehenswerte Fachwerk-Pfarrhaus in Kirchhundem.

Blick auf den Rothaarkamm bei Oberhundem.

DER PANORAMAPARK SAUERLAND

Nur sechs Kilometer oberhalb von Oberhundem liegt einer der größten und schönsten Freizeitparks Deutschlands: der Panoramapark Sauerland. Auf 800.000 Quadratmetern sind vielfältige Attraktionen über die Hänge des Rothaargebirges verstreut. Absolute Höhepunkte bilden der achterbahnähnliche „Rothaarblitz", die 1.000 Meter lange Sommerrodelbahn „Fichtenflitzer" und ein Wasserbob, der auf einem 660 Meter langen Wasserkanal talwärts saust.

Dem Landschaftsbild am besten angepasst ist die 650 Meter lange Fahrstrecke des „Rothaarblitzes". Auf 162 Stahlrohrstützen geht es, mal drüber und mal drunter, vor einer künstlichen Felswand durch den Fichtenwald. Pro Zug dürfen bis zu 38 Personen mitfahren.

Neben vielen technischen Anlagen – u.a. eine Wasserorgel, eine Oldtimerbahn, ein Riesenrad und ein Panorama-Express – kommt im Panoramapark auch das Naturerlebnis nicht zu kurz, denn an der Sessellift-Bergstation und in den Wäldern des 645 Meter hohen Eggenkopfes befinden sich weitläufige Wildgehege. Da begegnet man seltenen Gebirgstieren wie Rothirschen, Steinböcken, Damwild, Mufflons und Sikawild. Außerdem gibt es eine Greifvogelschau, bei der ein Falke mit 180 km/h über einen hinwegfegt und ein Adler seine mächtigen Schwingen über den Köpfen der Zuschauer ausbreitet.

Das Riesenrad und die Parkbahn im Panoramapark Sauerland.

III. Rings um Möhnesee – Sorpesee – Hennesee

Südlich von Soest am Rande des Arnsberger Waldes liegt eine der größten Talsperren Deutschlands: der Möhnesee, ein sehr beliebtes Ausflugsziel. An seinem Ufer gibt es viele schöne Freizeit- und Ferienanlagen. Interessant ist vor allem eine Schiffsrundfahrt. Die Hauptanlegestelle befindet sich an der berühmten Sperrmauer.

Gleich hinter dem Südufer des Möhnesees breitet sich eines der größten zusammenhängenden Waldgebiete von NRW aus: der Arnsberger Wald. Südwestlich davon liegt die Regierungsstadt Arnsberg. Sie entstand Mitte des 11. Jahrhunderts, als sich die Grafen von Westfalen dort niederließen. Zu Arnsberg gehört heute der nordwestlich von Neheim gelegene Wildwald Vosswinkel, ein großes Wildparkgelände mitten im Wald.

Südlich von Arnsberg breitet sich die Ferienregion Sundern-Sorpesee mit dem wohl schönsten Badesee des Sauerlandes aus. Der See liegt romantisch zwischen den Waldhöhen des Naturparks Homert. Weiter östlich, vor den Toren der Stadt Meschede, liegt der dritte Stausee des nördlichen Sauerlandes: der malerische Hennesee. Sein tiefblaues Wasser schmiegt sich verträumt in die bergige Landschaft, die einfach ideal zum Wandern ist. Beide Seen, der Sorpe- und der Hennesee, bieten sich im Sommer für eine Schiffsrundfahrt an.

Sonnenuntergang am Sorpesee.

Die historische Altstadt von Arnsberg.

Blütenpracht am Warsteiner Dom.

DIE MÖHNETALSPERRE

Am Nordrand des Sauerlandes, zwischen dem Höhenzug des Haarstrangs und den Bergen des Arnsberger Waldes, liegt der zehn Kilometer lange Möhnesee. Er gehört zu den ältesten Stauseen des Sauerlandes und war jahrzehntelang die zweitgrößte Talsperre Deutschlands. Seine 650 Meter lange und 40 Meter hohe Sperrmauer bei Günne wurde schon zwischen 1908 und 1912 errichtet, um die Industrie im nahegelegenen Ruhrgebiet auch bei Trockenperioden ausreichend mit Wasser versorgen zu können.

Im Naturpark Arnsberger Wald nimmt die Talsperre als Erholungsgebiet eine herausragende Stellung ein. Immerhin werden hier auf einer Fläche von über zehn Quadratkilometern ca. 134 Millionen Kubikmeter Wasser aufgestaut. Die eindrucksvolle, sechs Meter breite Sperrmauer ist ein technisches Kulturdenkmal und wurde aus Muschelkalk-Bruchsteinen erbaut. Sie ist eine äußerst beliebte Promenade für Ausflügler und Spaziergänger.

Im Zweiten Weltkrieg wurde die Sperrmauer in der Nacht zum 17. Mai 1943 allerdings Schauplatz einer Katastrophe, als ein Fliegerangriff der britischen Royal-Air-Force die Möhnemauer mit Spezialbomben schwer zerstörte. Sie rissen ein 75 Meter breites und 33 Meter tiefes Loch, aus dem sich eine riesige Flutwelle durch das Möhnetal wälzte und das Dorf Günne zu nächtlicher Stunde förmlich überrollte, sodass im ganzen Dorf nur ein Haus übrig blieb. Selbst die Stadt Neheim zehn Kilometer weiter flussabwärts war noch von den Wassermassen betroffen.

In den letzten Jahrzehnten avancierte der Möhnesee zu einem beliebten Ausflugsziel. Seine flachen Ufer laden zum Wassersport und Baden ein, es gibt verschiedene Segel- und Surfschulen, mehrere Bootsanlegestellen und die Schiffe der „Weißen Flotte". Während der östliche Teil des Sees mit dem Auto abgefahren werden kann, ist der Westteil im sogenannten Hevearm seit 1975 als Naturschutzgebiet für den Verkehr gesperrt. Es ist eine geheimnisvoll anmutende Wald- und Wasserlandschaft, die im Laufe der Zeit zu einem einzigartigen Vogelparadies geworden ist. Dort lohnt es sich zu wandern! Denn hier können Naturfreunde zu allen Jahreszeiten Vögel beobachten. Alljährlich beziehen am Hevearm 12.000 bis 20.000 Wasservögel ihr Winterquartier oder legen auf ihrem Flug über Europa eine Zwischenlandung ein. Bis zu 150 verschiedene Vogelarten wurden bereits registriert. Meist sind es Blesshühner, Stockenten, Haubentaucher und Lachmöwen, aber auch Graureiher, Wild- und Graugänse, Kormorane, Eisvögel und Kiebitze bekommt man zu Gesicht.

Das Vorstaubecken bei Günne mit der Möhne-Sperrmauer. ▶

Der Bootshafen am Südufer des Möhnesees.

DER NATURPARK ARNSBERGER WALD

Direkt am Südufer des Möhnesees beginnt der Arnsberger Wald. Mit 36.000 Hektar bewaldeter Fläche stellt er eines der größten zusammenhängenden Waldgebiete Deutschlands dar. Im Jahre 1960 wurde der Arnsberger Wald zum Naturpark erklärt. Dabei bezog man den gesamten Möhnesee samt seiner Erholungsorte Günne, Delecke, Körbecke, Stockum, Wamel und Völlinghausen in das Naturparkgebiet mit ein. Inmitten des Arnsberger Waldes liegen dagegen lediglich die drei Orte Warstein, Hirschberg und Kallenhardt. Am bekanntesten ist Warstein mit seiner berühmten Brauerei. Eine viel reizvollere Lage besitzt aber das benachbarte, eingemeindete Hirschberg – es liegt auf einer kahlen Bergkuppe mitten im Wald.

Ebenfalls auf einer freien Berghöhe des Arnsberger Waldes thront der Ort Kallenhardt. Es ist heute ein Ortsteil von Rüthen im Möhnetal. Beide Orte blicken auf eine jahrhundertealte Geschichte zurück. In Kallenhardt ist noch ein Rathaus aus dem 14. Jahrhundert erhalten, außerdem das barocke Wasserschloss Körtlinghausen aus den Jahren 1714 bis 1743. In Rüthen hat sich eine drei Kilometer lange Stadtmauer aus dem 14. Jahrhundert erhalten. Ein Rundweg führt an der Mauer entlang.

Das Naturpark-Städtchen Eversberg am Südrand des Arnsberger Waldes, das zu Meschede gehört, lehnt an einer steilen Bergkuppe über dem Ruhrtal und besitzt noch eine alte Burgruine aus dem 13. Jahrhundert. Die höchsten Erhebungen des Arnsberger Waldes findet man zwischen Warstein und Eversberg. Sie sind alle vollkommen bewaldet.

Auf der höchsten, dem Köpfl (555 Meter) am Plackweg westlich von Stimmstamm (540 Meter am Naturfreundehaus), steht ein großer Fernsehturm.

Den schönsten Aussichtsberg des ganzen Gebirgszuges findet man dagegen am Südwestrand, oberhalb von Meschede-Freienohl im Ruhrtal. Auf dem 420 Meter hohen Küppel steht ein Aussichtsturm, von dem man einen besonders schönen Blick ins Ruhrtal und aufs nördliche Hochsauerland genießt.

Ein ganz neuer Aussichtsturm steht seit kurzem auch auf dem Warsteiner Kopf (548 Meter) nördlich von Eversberg.

Im Warsteiner Wildpark.

*Der Fernsehturm auf der höchsten Erhe-
bung des Arnsberger Waldes, dem Köpfl.*

Blick von Freienohl im Ruhrtal zum Küppel, dem schönsten Aussichtsberg im Arnsberger Wald.

ARNSBERG

Arnsberg gilt als die „heimliche Hauptstadt" des Sauerlandes. Die Stadt auf der Berghöhe ist die ehemalige Residenz der Grafen von Arnsberg und liegt zwischen den Naturparks Arnsberger Wald und Homert. Erstmals urkundlich erwähnt wird Arnsberg bereits 793.

Der Ort entwickelte sich Mitte des 11. Jahrhunderts, als sich die Grafen von Werl auf dem Römberg eine Burg erbauen ließen. 1114 errichteten die Grafen auf dem heutigen Schlossberg eine neue Burg. Von der heutigen Ruine auf dem Schlossberg – das kurfürstliche Schloss von Johan Conrad Schlaun wurde 1762 schwer zerstört – hat man einen guten Ausblick auf die Stadt.

Der mittelalterliche Stadtkern Arnsbergs mit seinen romantisch verwinkelten Gassen liegt gleich unterhalb dieser Bergkuppe auf einem langen Höhenrücken inmitten der Ruhrschleife. Mittelpunkt ist der Alte Markt mit dem Maximiliansbrunnen von 1779 und dem weithin sichtbaren Glockenturm von 1323, der von sehenswerten alten Fachwerkhäusern flankiert ist. Auch ein Rathaus von 1710 – mit einem Glockenspiel – blieb bis heute erhalten.

Arnsberg erhielt schon 1237 Stadtrechte. 1368 kamen Stadt und Grafschaft an das Erzstift Köln und Arnsberg wurde Regierungsstadt des Herzogtums Westfalen. Auf dem Wiener Kongress wurde es 1815 dem Königreich Preußen zugewiesen. Danach wurde es Sitz einer Bezirksregierung und ist dies bis heute geblieben. Vom mittelalterlichen Wohlstand der Stadt zeugt noch eine ganze Reihe von Fachwerkhäusern aus dem 16. und 17. Jahrhundert. Und im geschichtsträchtigen Gebäude des Landsberger Hofes inmitten der historischen Altstadt ist heute das Sauerland-Museum des Hochsauerland-Kreises untergebracht. Dort kann man u.a. einen Blick auf das mittelalterliche Stadtbild von „Arnesberge" mit dem einstigen prunkvollen Schloss, das heute nur noch eine Ruine ist, werfen.

Arnsberg besitzt aber noch ein intaktes Schloss. Es befindet sich allerdings in Privatbesitz und liegt ganz versteckt in einem Park: Schloss Herdringen, dessen neugotischer Teil mit Türmen und Zinnen 1848 bis 1852 erbaut wurde. Das Schloss im englischen Tudorstil war sogar einmal Filmkulisse für einen Edgar-Wallace-Krimi.

Arnsberg ist alljährlich Schauplatz eines uralten Brauchs, wenn das Osterfeuer entzündet wird. Stets am Ostersonntag ziehen nach Einbruch der Dunkelheit 350 Fackelträger an erleuchteten Kreuzwegstationen vorbei und formieren sich auf der Berghöhe zu einem riesigen Kreuz. Danach wird ein mächtiges Osterfeuer entzündet und am Abendhimmel erstrahlt ein prachtvolles Höhenfeuerwerk.

Das Sauerland-Museum in der Arnsberger Altstadt.

Der neugotische Teil von Schloss Herdringen wurde von 1848 bis 1852 erbaut.

Der majestätische Glockenturm mit Stadttor am Marktplatz in Arnsberg, davor ein geschmückter Osterbrunnen.

WARSTEIN

Warstein liegt im östlichen Teil des Arnsberger Waldes und wurde bereits 1072 erstmals urkundlich erwähnt. 1276 erhielt es Stadtrechte. Der mittelalterliche Stadtkern wurde vor allem im 17. Jahrhundert durch mehrere Brände fast völlig zerstört, sodass bis auf die Stadtkirche aus dem 13. Jahrhundert keine historischen Bauwerke erhalten blieben.

Bekannt ist die Stadt heute in erster Linie durch ihre berühmte Brauerei, die besichtigt werden kann. Sehenswert ist aber auch die Warsteiner Bilsteinhöhle, eine Tropfsteinhöhle. Der Eingang zur Höhle liegt im Bilsteintal zwischen Warstein und Hirschberg. Dort hat der Bilsteinbach mitten im Warsteiner Stadtwald ein unterirdisches Höhlenlabyrinth geschaffen. Während einer 30-minütigen Höhlenführung wird der Besucher nicht nur durch die relativ kleine, 300 Meter lange Tropfsteinhöhle mit Nixen-, Zwergen-, Kegel- und Burgengrotte, sondern auch durch drei angrenzende Kulturhöhlen geleitet.

Gleich neben der Höhle erstreckt sich im Stadtwald ein Wildpark, in dem Rot-, Dam- und Schwarzwild lebt. Für Kinder gibt es hier einen Abenteuerspielplatz. Fährt man von der Höhle weiter westwärts, kommt man nach Hirschberg. Der Ort liegt auf einer Bergkuppe im Arnsberger Wald und ist heute ein Stadtteil von Warstein – mit eigener Historie. Die Grafen von Arnsberg ließen schon um 1200 auf der Kuppe eine Burg errichten, in deren Schutze damals der Ort entstand. Später wurde aus der Burg ein Jagdschloss, von dem aber lediglich ein Flügel erhalten blieb.

Zu Warstein gehört heute auch der Ort Belecke im Möhnetal. Er erhielt schon 1296 die Stadtrechte und lockt mit einer malerischen Altstadt. Recht sehenswert ist außerdem die am Ortseingang liegende Stütings-Mühle, eine alte Getreidemühle, deren Mühlrad vom Wästerbach angetrieben wird.

Warstein-Hirschberg liegt auf einer Bergkuppe im Arnsberger Wald.

Frühlingszauber in Warstein.

Unweit der Warsteiner Tropfsteinhöhle liegt ein kleiner Wildpark.

SUNDERN UND WILDEWIESE

Sundern ist der Hauptort und das Einkaufszentrum des westlichen Hochsauerlandes. Das Städtchen liegt in einem weiten Talkessel unweit des Sorpestausees und wird von bewaldeten Berghöhen umringt. Es liegt in unmittelbarer Nähe des Naturparks Homert und das sagt viel über die landschaftliche Schönheit der Gegend, über die seltenen Pflanzen und die Tierwelt.

Sundern wird erstmals 1310 urkundlich erwähnt. Wichtige Erwerbszweige waren im 15. und 16. Jahrhundert das Eisen verarbeitende und das Köhlerhandwerk. Zu Sundern gehören heute mehr als ein Dutzend Sauerland-Dörfer, von Langscheid und Amecke am Sorpesee bis nach Meinkenbracht und Wildewiese.

Je weiter man nach Süden vordringt, desto dünner besiedelt ist die Gegend und desto höher sind die Berghöhen. Dort findet man auch die Quellen von Sorpe und Röhr, die Sundern durchfließen, und das kleine Wintersportdörfchen Wildewiese. Es lehnt sich an die oberen Hänge des Schombergs (648 Meter), des schönsten Rundschaugipfels im nördlichen Sauerland. Der Ursprung des kleinen Skiortes an der kahlen Kuppe geht auf eine Sage zurück: Eine Sugambrerin soll hier den Wald gerodet und auf ihrer „wilden Wiese" gelebt haben. Auffallend ist, dass fast alle Berggipfel im nördlichen Sauerland bis obenhin bewaldet sind und nirgendwo sonst ein so hoher Wiesengipfel aufragt. So bietet er eine umfassende Rundschau über das „Land der tausend Berge". Man braucht nicht mal auf dem höchsten Punkt zu stehen, um bis zu den Ebbegebirgshöhen und zum Rothaarkamm sehen zu können. Nach Osten geht der Blick bis hinüber zum Astenmassiv (841 Meter). Da verwundert es nicht, dass der neue Fernwanderweg „Sauerland-Höhenflug" über den Schomberg führt und neuerdings auf dem Berg ein großer Sendeturm errichtet wurde.

Ländliche Idylle im Bergdörfchen Sundern-Wildewiese.

◄ *Die Seepromenade im Erholungsort Sundern-Langscheid.*

DER SORPESEE BEI SUNDERN

Der herrlich gelegene Sorpesee westlich von Sundern zählt zu den beliebtesten Stauseen des Sauerlandes. Hier finden Ausflügler und Urlauber die unterschiedlichsten Möglichkeiten, die Natur aktiv zu erleben. Man kann hier baden und campen, surfen und segeln, rudern, wandern und tauchen.

Am Nordrand des Sees liegt der kleine Luftkurort Langscheid, am Südzipfel des Sees Amecke. Oft wird der Sorpesee als der schönste und ursprünglichste See aller Sauerländer Seen bezeichnet. Ringsum wird er von kleineren Waldhöhen gesäumt. Das Sträßchen am Westufer gibt immer wieder herrliche Blicke auf den See frei. Ein schöner Wanderweg am Ostufer wird von Buchen beschattet. Es ist kaum zu glauben, dass dieser herrliche, acht Kilometer lange See zwischen 1927 und 1935 künstlich angelegt wurde. Denn der 700 Meter lange und 69 Meter hohe Sorpedamm fällt auf den ersten Blick kaum ins Auge. Er war seinerzeit sogar das größte Dammbauwerk aus Erde in Europa. Auf der Krone des zehn Meter breiten Staudamms promenieren bei schönem Sommerwetter oft Scharen von Ausflüglern. Viele gehen zu einer Seerundfahrt an Bord des Personenschiffs „MS Sorpesee". Die Ferienorte am See gehören alle zur Stadt Sundern, das sechs Kilometer östlich des Stausees liegt.

Frühlingsstimmung am Sorpestausee.

DER NATURPARK HOMERT

Der Naturpark Homert breitet sich zwischen dem Hönnetal bei Balve und dem Hennesee bei Meschede aus, ist aber bei weitem nicht so bekannt wie der benachbarte Naturpark Ebbegebirge. Seinen Namen erhielt der Park vom höchsten Berg der Umgebung: der 656 Meter hohen Homertkuppe. Die wichtigsten Ausflugsziele des Naturparks sind der Sorpesee und der Hennesee. Landschaftlich reizvoll inmitten dieses Naturparks liegen auch die beiden aufstrebenden Erholungsorte Eslohe und Wenholthausen und der kleine Wintersportort Wildewiese am Hang des Schombergs.

Die meisten Sehenswürdigkeiten findet man aber wohl im Hönnetal. Es zählt zu den urwüchsigsten Sauerland-Tälern. Schroffe Felsen ragen auf, es gibt viele Höhlen und weite Wälder. Auf einem Felsen mitten im Tal thront die kleine Burg Klusenstein aus dem 14. Jahrhundert. Sie war einst eine wichtige Grenzfeste der Grafen von der Mark. Etwas weiter südlich, in Balve-Binolen, findet man die interessanteste Höhle des Tales, die Tropfsteinwelt der Reckenhöhle. Sie wurde 1888 von Franz Recke entdeckt und kann besichtigt werden. In der Nähe der Höhle befindet sich ein großes Hotel-Restaurant, das Haus Recke. Eine weitere Höhle gibt es im Ort Balve. Es ist jedoch keine Tropfsteinhöhle, sondern die größte eiszeitliche Wohnhöhle Mitteleuropas. Sie besitzt eine so hervorragende Akustik, dass hier Festspiele und Jazzfestivals veranstaltet werden können.

Abendstimmung am Sorpesee.

MESCHEDE

Meschede liegt im oberen Ruhrtal und ist die Kreisstadt des Hochsauerlandkreises. Die ca. 1100 Jahre alte Stadt erhielt im Jahre 959 von König Otto I. Marktrechte. Der Ort entstand bereits im 9. Jahrhundert in der Nähe eines Damenstifts. Von diesem ist die Stiftskirche St. Walburga erhalten, die noch eine auf das 9. Jahrhundert zurückgehende Krypta besitzt. An den Glanz längst vergangener Zeiten erinnert heute auch das westlich von Meschede gelegene barocke Wasserschloss Laer aus dem 17. Jahrhundert, das einst im Besitz der Grafen von Westfalen war.

Den schönsten Ausblick auf die Stadt genießt man von der kleinen St.-Michaels-Kapelle auf dem Klausenberg, der im Süden der Stadt über dem Ruhrtal aufragt. Im Inneren ist ein spätgotischer Schnitzaltar von 1492 zu bewundern. Das wichtigere Ausflugsziel ist aber wohl der Hennesee, der um 1950 vor den Toren Meschedes angelegt wurde und zahlreiche Freizeitmöglichkeiten bietet.

Das benachbarte Städtchen Eversberg am Südrand des Arnsberger Waldes wurde zu Meschede eingemeindet. Es liegt auf einer Berghöhe über der Ruhr und besitzt noch zahlreiche alte Fachwerk- und Schieferhäuser aus dem 17. und 18. Jahrhundert. Im Wettbewerb „Unser Dorf soll schöner werden" war der Ort 1981 sogar Bundessieger. Schon im 13. Jahrhundert hatten die Grafen von Arnsberg in Eversberg eine Burg errichtet. Mit der Festungsanlage entstand auch das kleine Dorf. Von der Burg sind heute nur noch Mauerreste und der Stumpf des Turmes erhalten, von dem man allerdings einen großartigen Tiefblick ins Ruhrtal hat. Und in einem 1756 erbauten Fachwerkhaus des Bilderbuchstädtchens ist ein Heimatmuseum eingerichtet.

Blick über den Hennesee auf Meschede.

◀ *Das historische Meschede-Eversberg liegt auf einer Kuppe über dem Ruhrtal.*

Meschede-Wennemen vor den Höhen des Arnsberger Waldes.

Idyllisch schlummert der Hennesee inmitten des Mescheder Berglandes. ▶

DER HENNESEE BEI MESCHEDE

Malerisch liegt der Hennesee am Ortsrand von Meschede, eingebettet in grüne Wiesen und die bewaldeten Bergkuppen des Naturparks Homert. Mit einem vielfältigen Sport- und Freizeitangebot lockt er unzählige Wanderer, Segler und Wasserratten ins nördliche Hochsauerland. Mehrmals täglich kreuzt im Sommer ein Fährschiff über den See. Zu jeder vollen Stunde legt es vorm Hennesee-Hotel am Staudamm in Richtung Mielinghausen und zurück ab.

Die Talsperre wurde in den Jahren 1901 bis 1905 an der Henne, einem kleinen Neben- fluss der Ruhr, angelegt. Es zeigte sich schon bald, dass der Untergrund an der Sperrmauer Kalkablagerungen aufwies, die nach und nach ausgewaschen wurden. Daher musste man die Talsperre 1949 trockenlegen. Zwischen 1952 und 1955 errichtete man ersatz- weise einen 376 Meter langen und 60 Meter hohen Staudamm. Die alte, 369 Meter lange Bruchsteinmauer konnte daraufhin 1954 abgerissen werden. Der neue Damm staut seither ca. 38 Millionen Kubikmeter Wasser. Im Frühjahr 1956 konnte der See nach einem langen, schneereichen Winter erstmals wieder voll angestaut werden. Seither wird der Hennesee in erster Linie als Erholungsgebiet geschätzt, es gibt zwei schöne Badebuchten. Daneben lässt sich hier vortrefflich wandern, denn am gesamten Ostufer der Talsperre führt ein fast zehn Kilometer langer Rad- und Fußweg entlang.

Man kann aber auch von Meschede zur kleinen Kapelle auf dem Klausenberg wandern, um von dort einen herrlichen Blick auf die 1.100 Jahre alte Stadt im Ruhrtal zu werfen.

IV. Das Schmallenberger Land

Inmitten des Naturparks Rothaargebirge liegt die „Schmallenberger Wanderwelt". Eine liebliche Mittelgebirgslandschaft, die von den Höhenzügen der Hunau, des Wilzenberges, des Beerenberges und des Rothaargebirges geprägt wird. Hier erblickt man Hochflächen und Täler, sanfte Bergkuppen und Niederungen, saftige Wiesen und karge Felder, kleine Ortschaften und alte Fachwerkdörfer. Im Schmallenberger Wanderland sieht die Landschaft an jeder Ecke anders aus.

Das Tal der Lenne gehört zu den sehenswertesten Flusstälern in dieser Region. Die vielen Schmallenberger Bauern- und Feriendörfer – 83 insgesamt – sind über Berg und Tal verstreut. Den Mittelpunkt bildet das alte Städtchen Schmallenberg, das mit einem Gebiet von 302 Quadratkilometern die flächenmäßig größte Gemeinde des Landes Nordrhein-Westfalen ist. Der schönste Aussichtsberg Schmallenbergs erhebt sich beim ehemaligen Kloster Grafschaft: der 658 Meter hohe Wilzenberg, ein inselartiger Waldberg mit einem Aussichtsturm, von dem sich fast das gesamte Schmallenberger Wanderland überblicken lässt. Ein weiterer schöner Wander- und Aussichtsberg von Schmallenberg ist die 818 Meter hohe Hunau. Vom Rimbergpass oberhalb von Bad Fredeburg führt ein Weitwanderweg zu ihr hinauf. Auf dem Gipfel steht ein riesiger, 171 Meter hoher Fernsehsender.

Im Bergdorf Schanze (700 Meter) wurde in Erinnerung an den verheerenden Orkan im Januar 2007 ein „Kyrill-Erlebnispfad" angelegt. Dort beließ man einen ganzen Waldstreifen so, wie er sich nach dem Orkan, der mit Böen bis zu 250 km/h über das Land fegte, präsentierte: als umgestürzten „Urwald".

Das Schmallenberger Land bei Westfeld.

Ein Wintermärchen im Schmallenberger Wanderland oberhalb von Bad Fredeburg.

Abendstimmung auf der Hunau (818 Meter) bei Schmallenberg.

SCHMALLENBERG

Der Luftkurort Schmallenberg im oberen Lennetal liegt auf altem Siedlungsgebiet. Er entstand in der Nähe einer Burg und des 1027 gegründeten Klosters Grafschaft, das heute eine Fachklinik ist.

Zu Schmallenberg gehört der bekannte Kurort Bad Fredeburg. Er besitzt als Kneippheilbad eine vorzügliche Wellness-Oase: das moderne „Sauerland-Bad". Unweit von Fredeburg liegt das sehenswerte Schieferbergbaumuseum von Holthausen, das besichtigt werden kann. Schiefer wird im Sauerland sehr häufig als Wetterschutz auf Dächern und an Hausfassaden verwendet. Im alten Stadtkern von Schmallenberg findet man zahlreiche schiefergedeckte Häuser.

Rund um das Städtchen liegen gleich sieben Bundes- und acht Landesgolddörfer aus dem Wettbewerb „Unser Dorf soll schöner werden". Für Furore sorgte in den letzten zehn Jahren vor allem der Schmallenberger Ferienort Nordenau. Er besitzt einen seltenen Schiefer-Heilstollen inmitten eines Magnetfeldes. Ein sehr kleines, recht schmuckes Dörfchen ist Latrop im hintersten Winkel des Schmallenberger Latroptales, das bei Fleckenberg vom Lennetal abzweigt und sich bis zu den Waldhängen des Rothaargebirges hinaufzieht. Von Latrop führt ein Weg zur bekannten Hängebrücke in der Erlebnisstation „Ökosystem Wald".

Schmallenberg besitzt nicht nur schöne Wanderwege für den Sommer, sondern auch beliebte Skigebiete: Ganz in Stadtnähe, bei der Handweiser Hütte, liegt der 1.000 Meter lange Flutlichthang an der Schmallenberger Höhe (600 Meter). Noch schneesicherer, aber recht einsam liegt dagegen das kleine Skigebiet Schanze (700 Meter) auf dem Rothaarkamm. Am bekanntesten ist jedoch der Skihang auf der Nordseite der 800 Meter hohen Hunau unweit von Bödefeld, hier findet man eine der längsten Skiabfahrten des Sauerlandes. Ganz in der Nähe gibt es noch zwei kleinere Skihänge, einen auf der Höhe des Rimbergpasses oberhalb von Fredeburg und einen weiteren im nahen Sellinghausen.

Blick vom Beerenberg auf das Städtchen Schmallenberg.

Wintermorgen in der Schmallenberger Ortschaft Lenne.

Am Rimbergpass bei Schmallenberg-Bad Fredeburg.

Blick auf das winterliche Oberkirchen. ▶

OBERKIRCHEN UND GUT VORWALD

Der recht idyllisch in einer Talbreite der oberen Lenne gelegene Schmallenberger Luftkurort Oberkirchen (430 Meter) besitzt noch eine ganze Reihe stattlicher Fachwerkhäuser
und zählt als Bundesgolddorf des Jahres 1967 zu den schönsten Dörfern des Hochsauerlandes.

Auf seiner Süd- und Ostseite wird der Ferienort von den Hängen des Rothaargebirges
eingerahmt. Dort liegt – ganz hinten im stillen Waldsiepental zu Füßen der dunklen, bis
zu 700 Meter hohen Berghänge – das einsam gelegene Gut Vorwald (510 Meter), ein wunderschöner Berghof im Fachwerkstil mit Restaurant- und Cafébetrieb. Die von kleinen
Bachläufen durchzogenen Wiesen und endlos weiten Wälder des Rothaarkammes verleihen
der Umgebung des Gutshofs eine ganz besondere Atmosphäre. Ein wirklich interessantes
Wanderziel! Vor allem im Winter, wenn die hochragenden Waldberge hinter dem 1797
erbauten Berghof tief verschneit sind, erlebt man hier eine prachtvolle Naturkulisse. Von
Gut Vorwald aus kann man noch wie in alten Zeiten mit einem bimmelnden Pferdeschlit-
ten durch die schneebedeckten Wälder des Rothaargebirges fahren und die zauberhafte
Landschaft genießen.

Einfach märchenhaft präsentiert sich Gut Vorwald im Winter.

Romantische Pferdeschlittenfahrt unweit von Gut Vorwald.

WESTFELD

Der hübsche Schmallenberger Ferienort Westfeld (540 Meter) ist Bundesgolddorf von 1975. Er liegt im oberen Lennetal gleich unterhalb des Astenplateaus und machte sich in den letzten zehn Jahren als Skilanglaufzentrum des Hochsauerlandes einen großen Namen.

Der Ort besitzt mittlerweile eine eigene Langlauf-Skihütte und ein Loipenstadion. Hervorragend gespurte Loipen ziehen sich von hier durch ein romantisches Bergtal ins Astengebiet hinauf. Eine acht Kilometer lange Loipe kann sogar künstlich beschneit werden. Westfeld lädt darüber hinaus zum Winterwandern ein. Ein stets gut begehbares, geräumtes Bergsträßchen führt vom Loipenstadion durch verschneiten Hochwald zum Berghotel „Hoher Knochen" auf 700 Meter empor. Unterwegs hat man an einigen Lichtungen im Wald sehr schöne Tiefblicke auf Westfeld im Tal der Lenne. Vom Berghotel geht der Blick bis zum Dörfchen Ohlenbach zu Füßen der Rehhecke (679 Meter).

Eiszapfen am Bergbauernhof in Westfeld-Ohlenbach.

Ein weiterer schöner Winterwanderweg führt von Westfeld am Kurpark vorbei durchs Lennetal ins drei Kilometer entfernte Ohlenbach und von dort weiter hinauf zur aussichtsreich gelegenen Bergbauern-Gastwirtschaft Silbach. Ein schöner Höhenweg mit freier Sicht ins Tal führt von hier unter dem Kamm der Rehhecke hinauf zum einsam gelegenen Berghotel „Waldhaus" Ohlenbach – einem First-Class-Hotel mit großen Panoramafenstern, die den Blick freigeben auf den Rothaarkamm.

Blick auf das Skidorf Westfeld im Hochsauerland.

NORDENAU

Der kleine Schmallenberger Luftkurort Nordenau (620 Meter) mit seiner alten Burgruine und seinen schmucken Fachwerkhäusern zählt zweifellos zu den am schönsten gelegenen Dörfern des Hochsauerlandes. Auf einem weit ins Nesselbachtal vorgeschobenen Bergvorsprung schart sich ein gutes Dutzend Häuser malerisch um die hübsche Dorfkirche.

Sowohl von der alten Burg Nordenau als auch von den Wiesenhöhen des Herhagens (695 Meter) oberhalb des Ortes schaut man weit übers Nesselbachtal hinaus auf sich hintereinander staffelnde Bergrücken. Über diese wunderschönen freien Höhen führen von der Dorfmitte in Nordenau gut ausgebaute und bequem begehbare Wanderwege. Auf ihnen gelangt man hinauf zum herrlich gelegenen Berggasthof „Sonnenhof" (700 Meter) im idyllischen Weiler Nesselbach. Ein vorzüglicher Rast- und Aussichtspunkt, denn von dort genießt man einen großartigen Panoramablick auf die umliegenden Berge des Rothaargebirges.

Auch die Burgruine auf dem Nordenauer Rappelstein bietet eine schöne Aussicht. Wie eine Aussichtsplattform schiebt sich der Bergkegel weit ins Nesselbachtal vor. An die ehemalige Burg erinnert heute nur noch die Ruine. Ab 1120 sicherte diese Anlage die sogenannte Heidenstraße, eine im Mittelalter wichtige Handelsstraße zwischen Köln und Leipzig.

Ein altes Sauerlandhaus im Bergdorf Nordenau.

Blick auf Nordenau mit seiner alten Ruine.

Winterwanderweg oberhalb von Nordenau-Nesselbach.

DER WILZENBERG

Der Wilzenberg (658 Meter) unweit von Grafschaft ist einer der markantesten Berge des Sauerlandes. Vollkommen isoliert vom Rothaarkamm steht er über dem oberen Lennetal bei Schmallenberg und bietet eine Panoramaschau wie kaum ein anderer Gipfel im Schmallenberger Wanderland.

Auf seiner Kuppe standen bereits in vor- und frühgeschichtlicher Zeit zwei große Wallburgen, deren Ringe noch heute teilweise zu erkennen sind. Wie urkundlich belegt ist, kam der Berg im Jahre 1072 in den Besitz des nahegelegenen Klosters Grafschaft. Die dortigen Mönche erbauten um 1500 auf dem Berg eine kleine Kapelle und eine Einsiedelei, die in der Folgezeit Ziel regelmäßiger Wallfahrten wurden. 1632 ließ ein Abt auf dem Gipfel ein großes Kreuz aufstellen, das 1972 durch ein neues Bergkreuz ersetzt wurde. Es misst stattliche 28 Meter und ragt weithin sichtbar über den Tälern des Schmallenberger Sauerlandes empor.

Eigens für Wanderer steht auf dem höchsten Punkt des Berges ein eiserner Aussichtsturm, ohne den man das grandiose Hochsauerland-Panorama nicht genießen könnte. Er ist heute 17 Meter hoch, denn er musste aufgestockt werden, damit man noch über die Baumwipfel hinweg schauen konnte. Der schönste Weg hinauf zur Wallfahrtskapelle und zum Gipfelturm beginnt in Grafschaft. Es sind knapp 200 Höhenmeter zu bewältigen und man sollte für den Auf- und Abstieg ca. eineinhalb Stunden einplanen.

Ausblick vom Wilzenbergturm auf Bad Fredeburg.

DAS ROTHAARGEBIRGE – EIN NATURPARK

Das Rothaargebirge zählt zu den schönsten deutschen Waldlandschaften. Zu Füßen des langgezogenen Bergkammes, der sich von Brilon im nördlichen Hochsauerland über 150 Kilometer bis ins Siegerland hinzieht, findet man viele schmucke Fachwerkdörfer und sehenswerte Städtchen.

Der bekannteste Teil des Rothaargebirges ist die Region Winterberg. Denn hier bildet der Rothaarkamm das „Dach Westfalens" mit einer Vielzahl schönster Aussichtspunkte. Rund um die höchsten Berge des Gebirgskammes breitet sich der 1.355 Quadratkilometer große „Naturpark Rothaargebirge" aus. Im Astenturm auf dem Kahlen Asten (841 Meter) ist ein Info-Zentrum über die Naturparklandschaft des Rothaargebirges eingerichtet.

Auf dem Gebirgskamm verläuft die Wasserscheide zwischen Rhein und Weser. Die bekanntesten Wasserläufe hier sind Ruhr, Lenne, Odeborn, Orke, Nuhne, Eder, Sieg und Lahn, die ihre Talfurchen vom Rothaargebirge aus sternförmig in alle Himmelsrichtungen ziehen. Ihre Quellen findet man an den Hängen des Asten-Massivs, in den Kammlagen des Wittgensteiner Waldlandes oberhalb von Bad Berleburg und auf der Rothaarkammhöhe am berühmten Wildgehege des Forsthauses Hohenroth bei Lützel.

Die besten Fernblicke des Rothaargebirges genießt man von den hohen Aussichtstürmen des Kahlen Asten und des Ettelsberges bei Willingen. Von beiden Türmen reicht die Sicht an extrem klaren Herbst- und Wintertagen über das Hessische Bergland hinweg bis zur Wasserkuppe (950 Meter) in die 128 Kilometer entfernte Rhön und sogar bis zum Brocken (1.142 Meter) im Harz, der 160 Kilometer entfernt ist.

Die Naturparklandschaft zwischen Winterberg und Altastenberg.

Ein Eisbrunnen bei Milchenbach
am Rothaargebirge.

◀ *Winterzauber am Astenturm*
im Rothaargebirge.

Das kleine Dorf Latrop am Rothaargebirge.

DER ROTHAARSTEIG

Der 154 Kilometer lange Rothaarsteig zwischen Brilon und Dillenburg zählt zu den berühmtesten Wanderwegen Deutschlands. Die Krönung des Rothaarsteiges ist der Astenturm (860 Meter) mit seiner bekannten Wetterwarte und einer ungemein weitreichenden Aussicht.

Seit einigen Jahren führt dieser hervorragend ausgeschilderte Weg über den gesamten Rothaargebirgskamm hinweg – vom nördlichen Hochsauerland bis zur Oranierstadt Dillenburg am Fuße der Westerwaldberge. Dabei überquert er auch den höchsten Berg des Sauerlands, den stark bewaldeten Langenberg (843 Meter). Meist führt er jedoch mitten durch die bewaldete Naturparklandschaft. Zahlreiche hervorragende Aussichtspunkte, schöne Berghöhen und bunte Hochheideflächen machen den Rothaarsteig zu einem außerordentlichen Aussichts- und Wandererlebnis.

Eine ganz besondere Attraktion stellt die 40 Meter lange Hängebrücke bei Kühhude – oberhalb des Schmallenberger Latroptales – dar. Weitere Höhepunkte sind die kapellengekrönte Borbergkanzel (629 Meter) bei Brilon, das Info-Zentrum Bruchhauser Steine, die Niedersfelder Hochheide am Clemensberg (838 Meter), die Ruhrquelle bei Winterberg, das Hochheideplateau am Kahlen Asten, die Lennequelle, der aussichtsreiche Kammverlauf zwischen Lenneplätze und dem Höhendorf Langewiese, der aussichtsreiche Rhein-Weser-Turm (667 Meter) und das verträumte Rothaarhüttl auf der Oberndorfer Höhe unweit des historischen Dreiherrnsteins (673 Meter). Die am Weg liegende Ruine der Ginsburg sollte jeder Wanderer besuchen, bevor er das Naturschutzgebiet der Ginsberger Heide durchstreift.

An der Eder-, Sieg- und Lahnquelle unweit des Forsthauses Hohenroth mit seinem Wildgehege vorbei, führt der Rothaarsteig schließlich über die Haincher Höhe gen Dillenburg. Über 1.800 Wegweiser aus Alu sind entlang des Weges an Holzpfosten befestigt. Die Schilder informieren stets über den Standort, die Höhe, den weiteren Wegverlauf und über Nah- und Fernziele mit Entfernungsangaben.

Auf der Hängebrücke am Rothaarsteig, Teil der Erlebnisstation „Ökosystem Wald" bei Kühhude.

Ein vom Schnee verzauberter Wegweiser am Rothaarsteig.

Das märchenhafte Rothaarhüttl bei Hilchenbach.

V. Rund um Winterberg

Winterberg ist der bekannteste Ort im ganzen Sauerland – wenn Schnee liegt, wird er zum Tummelplatz der Skifans. In der Nähe von Winterberg entspringen die Flüsse Ruhr und Lenne. Zu Winterberg gehören heute 14 Dörfer in der Umgebung, die zum Teil ebenfalls schöne und interessante Freizeitziele bieten. Am bekanntesten sind Alt- und Neuastenberg zu Füßen des Kahlen Asten. Rund um die berühmte Wetterwarte auf dem 841 Meter hohen Gipfel des Kahlen Asten breitet sich eine zum Teil unter Naturschutz stehende Hochheide aus, die regelrecht zu Spaziergängen einlädt. Am eindrucksvollsten präsentiert sie sich jedoch im tief verschneiten Winterkleid. Sie gleicht dann oft einer märchenhaft schönen Parklandschaft, durch die stets Winterwanderwege gebahnt werden. Die einzeln stehenden Wetterfichten sind von Raureif und Schnee überzuckert.

Deutlich ruhiger als am Kahlen Asten geht es in Züschen, Niedersfeld und Siedlinghausen zu, die mittlerweile alle zu Winterberg gehören. Die weitere Umgebung lockt ebenfalls mit erstklassigen Ausflugszielen, vor allem Medebach, ein aufstrebender Kurort in der sonnenreichen Medebacher Bucht. Hier gibt es seit einigen Jahren einen „Center Park Hochsauerland" und so hat Medebach wohl mittlerweile selbst dem bekannten Kneipp-Kurort Bad Berleburg den Rang abgelaufen. Doch Berleburg besitzt immer noch ein sehenswertes Schloss mit einem großartigen Museum und eine schöne Altstadt mit schiefergedeckten, klassizistischen Häusern.

◀ *Am Wildgehege des Forsthauses Hohenroth.*

*Das Wasserrad an der
Daubermühle bei Winterberg.*

Am Winterberger Hillebachsee bei Niedersfeld.

Ausblick vom Rothaarkamm bei Langewiese.

WINTERBERG – EIN INTERNATIONALER WINTERSPORTPLATZ

Winterberg ist heilklimatischer Kurort und einer der beliebtesten Ferienorte in Nordrhein-Westfalen. Trotz seiner beachtlichen Höhenlage auf 750 Metern entstand das Dorf bereits Mitte des 13. Jahrhunderts. Richtig bekannt wurde Winterberg aber erst im 20. Jahrhundert durch den Skisport und den Tourismus. Seine Glanzstücke sind ein Skikarussell, eine Bob- und Rodelbahn und das Wahrzeichen Winterbergs, die St.-Georg-Sprungschanze.

Liegt ausreichend Schnee, findet alljährlich in Winterberg ein Schlittenhunderennen statt. Und für Kinder wurde unterhalb des bekannten Bobhauses eigens eine interessante Sommerrodelbahn angelegt. International am bekanntesten ist jedoch die Winterberger Kunsteis-Bob- und Rodelbahn. Vor allem der Bobsport hat in Winterberg eine lange Tradition. Schon 1910 bauten Winterberger Männer die erste Bobbahnstrecke aus Natureis. Der heutige Eiskanal liegt am Westrand von Winterberg und beginnt in 770 Meter Höhe auf dem Berg Kappe, gleich neben dem Gasthaus „Bobhaus". Im Winter ist das Eis der 1.600 Meter langen Bobbahn spiegelblank. Denn nur so werden die rasanten Fahrten durch den berühmten „Kreisel" und die „Omega-Kurve" mit Spitzengeschwindigkeiten von bis zu 150 km/h möglich.

Weniger rasant geht es in der kleinen Winterberger Ortschaft Lenneplätze unweit des Kahlen Asten zu. Hier finden Langläufer ein hervorragendes Loipenrevier und obendrein einen traumhaft schönen Panoramablick übers westliche Hochsauerland.

Den schneesichersten Skihang des ganzen Sauerlandes findet man an der Nordseite des Kahlen Asten. Dort konnte man selbst im April 1920 noch Ski fahren und die Gäste waren voll des Lobes über diesen Hang, „wo der Schnee wie Sahne liegt". Seither wird er „Sahnehang" genannt, manchmal aber auch der „Gletscher Winterbergs".

Blick von der 800 Meter hohen Kappe auf Winterberg.

Die St.-Georg-Sprungschanze ist das Wahrzeichen von Winterberg.

Von der kleinen Winterberger Ortschaft Lenneplätze schweift der Blick weit hinaus ins westliche Hochsauerland.

Schlittenhunderennen sind eine besondere Attraktion in Winterberg. 2009 waren rund 600 Hunde am Start.

Beim ältesten Schlittenhunderennen Deutschlands säumen zahlreiche Interessierte die Rennstrecke.

ALTASTENBERG UND NEUASTENBERG

Kein Dorf im Hochsauerland liegt so hoch wie Altastenberg, es ist mit 774 Metern sogar der höchstgelegene Ort in Nordrhein-Westfalen. Das Mittelgebirgs-Reizklima dieser Höhenlage ist besonders gesund. So zählt Altastenberg auch zu den ganz wenigen Dörfern in NRW, denen das Prädikat eines „staatlich anerkannten, heilklimatischen Kurortes" verliehen wurde.

Altastenberg ist vor allem bekannt für seine herrlichen „Wintermärchen"-Motive aus Raureif, Eis und Schnee. An den Häusern bilden sich im Winter oft meterlange Eiszapfen, Sträucher und Bäume werden zuweilen förmlich verzaubert. Zudem zählt das Astendorf zu den schneereichsten Orten des Hochsauerlandes.

Vor über 100 Jahren gab es in dem damaligen Hirtendorf nur ganz wenige Häuser. Aber es wird berichtet, dass der Altastenberger Schreinermeister Josef Leber schon im Jahre 1906 im Mondschein auf Skiern durch die klirrend kalte Sauerländer Bergwelt lief.

Die herrlichen „Wintermärchen" sind zwar seltener geworden, haben aber bis heute nichts von ihren Reizen eingebüßt, ganz gleich, ob man vom Dorf aus durch den tief verschneiten Winterwald ins Renautal spaziert, zur neuen Schweden-Skihütte hinüberwandert, sich mit Skiern auf die alpinen Pisten wagt oder von Altastenberg auf Langlaufskiern auf der berühmten Hunau-Spur durch die Wälder der Hunau (818 Meter) streift.

Zusammen mit Altastenberg zählt auch Neuastenberg zu den bekanntesten Wintersportorten des Hochsauerlandes. Die beiden Orte können auf eine fast 100 Jahre alte Wintersportgeschichte zurückblicken. Dieser großen Tradition verpflichtet, wurde 1998 im Neuastenberger Schultenhof das Westdeutsche Wintersportmuseum eröffnet. Hier sind nostalgische Skier und Schuhe und ein Viererbob aus den 1920er-Jahren zu bestaunen. Obendrein werden auf der berühmten Postwiese in Neuastenberg, einem Alpin-Skihang, hin und wieder Nostalgie-Skirennen ausgetragen.

An der Postwiese befindet sich auch die einzige Naturrodelbahn des Sauerlandes. Beschneit und beleuchtet führt sie 400 Meter durch Kurven und malerische Buchenwälder. Ein Rodellift sorgt für den Auftransport.

Winterzauber am Großen Bildchen bei Altastenberg.

Altastenberg ist das höchstgelegene Dorf von Westdeutschland.

Ein Wintermärchen am Dorfrand von Altastenberg.

KAHLER ASTEN

Der Kahle Asten ist mit 841 Metern zwar nur der zweithöchste, dafür aber der bekannteste Berg des Sauerlandes. Oft hält man ihn sogar für die höchste Erhebung, was dem 23 Meter hohen Astenturm geschuldet ist, der nicht nur den höchsten Punkt Nordrhein-Westfalens darstellt, sondern von dem man an ganz klaren Herbsttagen auch eine enorme Fernsicht über 100 Kilometer bis zum Teutoburger Wald und zum Habichtswald genießt. Natürlich sind vom Turm aus auch weite Teile des Hochsauerlandes zu überblicken.

108 Stufen führen zur Aussichtsplattform des Turms hinauf, der eine wechselvolle Baugeschichte hinter sich hat: Das erste, 1884 errichtete Bauwerk stürzte nämlich im selben Jahr wieder ein. 1889 nahm man einen neuen Anlauf, doch schon 12 Jahre später wurde der Turm durch Blitzeinschlag erneut schwer beschädigt. Und auch im Krieg blieb er nicht verschont und konnte erst 1955 wieder instandgesetzt werden.

Heute sind im Turmgebäude neben der Wetterwarte ein Bergrestaurant und ein Museum für Naturkunde untergebracht. Dort gibt es Schaukästen mit den im Sauerland heimischen Tieren wie Eichhörnchen, Baummarder und dem rar gewordenen Auerhahn. Tafeln informieren über das Hochsauerland und die seltene Hochheide, die die gesamte, ziemlich breite Kuppe des Kahlen Asten bedeckt und unter Naturschutz steht. Neben Heidekraut wachsen dort Preisel- und Heidelbeeren inmitten einer arktisch-alpinen Pflanzenwelt mit zerzausten Bäumen, Alpenbärlapp, Isländischem Moos, Arnika und Krüppelkiefern.

300 Meter westlich des Turmes entspringt in 830 Metern Höhe die Lenne. Es ist Nordrhein-Westfalens höchstgelegene Quelle, die von Wanderern gerne aufgesucht wird, denn sie liegt gleich am Wegrand des Heidepfades.

Berühmt wurde das Astengebiet in den letzten Jahrzehnten durch seine idealen Skihänge. Sie sind mit dem Auto zu erreichen, denn bis hinauf zum Astenturm führt eine Straße, die zwischen Alt- und Neuastenberg von der Winterberger Landstraße abzweigt. Der Schneereichtum des Kahlen Asten ist fast sprichwörtlich. An über 100 Tagen des Jahres liegt hier mindestens ein Zentimeter Schnee. Um 80 Zentimeter hoch liegt der Schnee am schneereichsten Tag eines durchschnittlichen Winters. Eine Rekordschneehöhe von 2,39 Meter wurde im März 1970 am Kahlen Asten gemessen.

Blick zur Wetterwarte auf dem Kahlen Asten.

Eine zauberhafte Winterlandschaft breitet sich vor den Besuchern des Kahlen Asten aus.

Sonnige Wintertage locken zahlreiche Spaziergänger auf den Kahlen Asten.

Der Sahnehang am Kahlen Asten.

Eine Heuhütte am Nordhang des Kahlen Asten.

DIE NIEDERSFELDER HOCHHEIDE

Sechs Kilometer nördlich von Winterberg liegt im obersten Ruhrtal der gepflegte Ferienort Niedersfeld (540 Meter). Auf seiner Ostseite wird das Dorf vom über 800 Meter hohen Rothaarkamm überragt. Dort erhebt sich auch der höchste Berg des gesamten Sauerlandes, der vollkommen bewaldete 843 Meter hohe Langenberg. Der Rothaarkamm zieht sich von hier aus südwärts zum Clemensberg (838 Meter) hinüber. Diesem ist eine Hochfläche vorgelagert, auf der sich eine ausgedehnte Hochheide ausbreitet: das Naturschutzgebiet Neuer Hagen (805 Meter).

Lediglich vereinzelte Nadelhölzer „bewachen" dieses vollkommen freie Hochplateau an der Hochheidehütte. Extreme Temperaturen, eisige Höhenstürme und ungemein viele Niederschläge beeinflussen die Natur in den 800 Meter hohen Kammlagen des Rothaargebirges recht stark. Genauso wie am Kahlen Asten und am benachbarten Ettelsberg (838 Meter) bei Willingen verkrüppeln auch auf dem Hochplateau Neuer Hagen die Stämme und Äste einiger Nadelbäume zu fantasievollen Gebilden. Das ganze Landschaftsbild hat bereits ein auffallend nordisches Gepräge. Besonders imponierend wirkt dies im Winter, wenn der Schnee alles bedeckt und zusammen mit Raureif und Eis an Fichten, Kiefern und Zirben bizarre Formen hervorbringt.

Die Heide ist am besten vom Niedersfelder Wanderparkplatz aus zu erreichen. Von hier aus sind Spaziergänge möglich, die im Winter jedoch eher Schneeexpeditionen gleichen.

Blick über die verschneite Hochheide zum Clemensberg.

Winterzauber auf der 800 Meter hohen Hochheide.

Tourengeher auf der Niedersfelder Hochheide.

MEDEBACH

Medebach (405 Meter) ist eine historische Hansestadt im östlichen Hochsauerland, die auf eine über 850-jährige Geschichte zurückblicken kann, in der sich das Stadtbild stark verändert hat. Seit 1289 besitzt Medebach Stadtrechte. Eine Blütezeit erlebte der Ort im 12. Jahrhundert, als man Handelsbeziehungen mit Dänemark und Russland unterhielt. Das älteste Gebäude der Stadt ist die frühgotische Andreaskapelle von 1283 direkt gegenüber der Pfarrkirche. Aus dem 18./19. Jahrhundert haben sich in der Altstadt ein paar schöne Fachwerkhäuser erhalten. Einiges über die wechselvolle Geschichte Medebachs, das bereits 1144 erstmals erwähnt wurde, erfährt man im städtischen Heimatmuseum. Mit dem „Palmenbad" im „Center Park Hochsauerland" besitzt die Stadt obendrein ein beliebtes Ausflugsziel.

Eine Besonderheit Medebachs war stets die Hochebene, auf der sich die Stadt befindet. Sie liegt zwischen grünen Wiesen und Wäldern inmitten der Medebacher Bucht und wird eingerahmt vom Höhenzug des Rothaargebirges. Die Medebacher Bucht ist das zweitgrößte Vogelschutzgebiet in NRW. Es ist bekannt für seine abwechslungsreichen Naturräume, artenreichen Wiesen, naturnahen Bäche und Buchenwälder. Der 27 Kilometer lange Rundwanderweg „Medebacher Bucht" führt durch die Lebensräume seltener Vogelarten wie Schwarzstorch und Rotmilan.

Zu Medebach gehören neun kleine Sauerland-Dörfer im weiteren Umkreis. Da gibt es viel zu sehen. Beispielsweise ein altes Fachwerkhaus in Küstelberg (666 Meter), dem höchstgelegenen Ferienort im Stadtgebiet von Medebach: Das historische Haus Ewers ist von 1748 und liegt gleich in der Ortsmitte unweit der Kirche.

In Küstelberg befindet sich auch das Medebacher Skigebiet. Gleich oberhalb des Dorfes, am 790 Meter hohen Schlossberg, stehen neben der Piste eine kleine Skihütte und ein Hochseilgarten.

Auch das ehemalige Kloster Glindfeld aus dem 13. Jahrhundert, in dem heute ein Forstamt untergebracht ist, wird gern besucht. Am idyllischsten inmitten der Sauerlandberge schlummert jedoch das einsame Dörfchen Deifeld.

Das historische Haus Ewers von 1748 in Medebach-Küstelberg.

Die verschieferte Dorfkirche in Medebach-Küstelberg.

ZÜSCHEN

Züschen ist ein schöner Erholungsort im Hochsauerland, umgeben von Wanderwegen und einem beliebten Skigebiet an der 816 Meter hohen Ziegenhelle.

Das Sauerland-Dorf wurde schon 1243 erstmals urkundlich erwähnt und besitzt noch zahlreiche Fachwerkhäuser mit farbigen Balkenschnitzereien. Im Jahre 1983 hat der Ort im Wettbewerb „Unser Dorf soll schöner werden" Bundesgold gewonnen. Vor einigen Jahrzehnten wurde Züschen nach Winterberg eingemeindet.

Die waldreichen Berghöhen des Rothaargebirges bilden eine würdige Kulisse für den Ort. Den schönsten Blick auf das Dorf genießt man von der Züschener Bergkapelle aus. Oberhalb von Züschen ragt einer der höchsten Sauerlandgipfel auf, die Ziegenhelle (816 Meter). Auf ihrem höchsten Punkt steht seit 1974 ein hölzerner Aussichtsturm. Die Aussicht von hier oben reicht zwar nicht ganz so weit, aber keiner der vielen Gipfeltürme des Sauerlands steht in einer solchen Abgeschiedenheit und Einsamkeit. Denn der Höhenunterschied zwischen dem Tal bei Züschen und der Ziegenhelle beträgt stolze 340 Meter!

Auf einem sonnigen Plateau auf der Ziegenhelle hoch über dem Luftkurort liegt auch das Züschener Skigebiet. So genießt man auf der Piste ebenfalls das schöne Bergpanorama.

Winterzauber in Züschen.

Blick auf Züschen im Hochsauerland.

HALLENBERG

Die Berge des Rothaargebirges mit dem markant aufragenden Heidekopf (704 Meter) bilden die Kulisse des malerischen Städtchens Hallenberg, das ca. 15 Kilometer südöstlich von Winterberg liegt. Es besitzt einen historischen Altstadtkern mit wunderschönen Fachwerkhäusern und einer Pfarrkirche aus dem 13. Jahrhundert. Der Ort bewahrt noch einige uralte Traditionen. So ist beispielsweise der „Krach-Umzug" jahrhundertealtes, ureigenes Hallenberger Brauchtum. Mit höllischem Lärm jagen die Hallenberger in der Osternacht gegen Mitternacht „König Winter" davon.

Eine besondere Attraktion ist die Freilichtbühne vor der Kulisse, die von einem wildromantischen Felsenkessel eingerahmt wird. Dort finden jeden Sommer Aufführungen statt, vornehmlich sind es Märchen und Theaterstücke. Alle zehn Jahre gibt es hier im „sauerländischen Oberammergau" sogar richtige Passionsspiele.

Das schönste Wanderziel von Hallenberg ist natürlich der Heidekopf. Wie ein Eckpfeiler des Rothaargebirges erhebt er sich über dem Talboden. Fast 320 Meter Höhenunterschied liegen zwischen dem Ortskern und dem Gipfel, der obendrein noch von einem großen Aussichtsturm gekrönt wird. Wer die 55 Stufen des hölzernen Turmes erklommen hat, überschaut an klaren Tagen fast 100 Bergkuppen des Sauerlandes. Ostwärts schweift der Blick bis weit nach Hessen hinein, manchmal sogar bis zur Kasseler Wilhelmshöhe.

Nördlich von Hallenberg gibt es eine zweite großartige Aussichtswarte mit einem beeindruckenden Aussichtsturm: den Bollerberg (757 Meter). Er erhebt sich oberhalb des zu Hallenberg gehörenden kleinen Hochsauerland-Ortes Hesborn und bietet ebenfalls eine fabelhafte Aussicht aufs Hessische Bergland.

Das alte Städtchen Hallenberg im Hochsauerland.

Das kleine Dorf Hallenberg-Hesborn an den sonnigen Hängen des Bollerberges.

GIRKHAUSEN BEI BAD BERLEBURG

Auf der sonnigen Südseite des Rothaargebirges, zwischen Winterberg und Bad Berleburg, liegt im oberen Odeborntal das verträumte Fachwerkdorf Girkhausen (540 Meter). Der ehemalige Wallfahrtsort, im Jahre 1220 erstmalig erwähnt, wird von wald- und wiesenreichen Berghöhen umgeben und ist ein beliebter Wintersportplatz im Wittgensteiner Waldland am Rande des Hochsauerlandes. Denn Girkhausen ist Nordic-Zentrum des Deutschen Skiverbandes und Austragungsort von nationalen und internationalen Ski-Langläufen. Ob beschauliches Wandern oder sportliche Wettkämpfe – Girkhausen bietet hervorragende Möglichkeiten, die winterliche Natur zu genießen. Von der Skihütte knapp 200 Höhenmeter oberhalb des Ortes führen gespurte Loipen hinauf zum Kamm des Rothaargebirges. Hier kann man so manchem einheimischen Langlauf-Ass begegnen.

Eine ganz besondere Rarität ist die Girkhäuser Drehkoite – eine historische Drechselstube. Die alte Handwerkskunst der einheimischen Schüsseldreher und Drechsler reicht bis ins Jahr 1531 zurück. Die waldreiche Umgebung des Ortes lieferte dazu seit jeher das notwendige Holz. In den Sommermonaten lebten die Bewohner früher zumeist von den kargen Erträgen der Landwirtschaft, die lange und strenge Winterzeit nutzte man dann zur Produktion von Gebrauchsgegenständen aus Holz. Noch um 1900 gab es in Girkhausen fast in jedem Haus eine Drehbank oder einen „Löffelstock". Viele Bewohner betätigten sich als Löffelschnitzer. Die Spezialität der Girkhäuser Schüsseldreher war jedoch, aus einem einzigen Holzrohling bis zu fünf verschiedene Holzschüsseln herzustellen. Noch heute stellen einige Drechsler in Girkhausen Gebrauchsgegenstände oder schmucke Geschenkartikel her.

Jeden Donnerstagnachmittag kann die Drehkoite besichtigt werden, zu der auch ein kleiner Laden gehört.

Eine Dorfpartie am Odebornbach in Girkhausen.

Blick auf die Girkhausener Berge.

BAD BERLEBURG

Südlich von Winterberg, auf der Südseite des Rothaargebirges, liegt das alte Städtchen Bad Berleburg. Der kleine Ort wurde schon 1258 erstmals urkundlich erwähnt, als er in den gemeinsamen Besitz der Grafen von Wittgenstein und des Klostervogtes von Grafschaft überging. Durch seine Lage hoch über dem Odeborntal hatte er eine große strategische Bedeutung. Die erste Ansiedlung lag auf dem Schlossberg, einem Bergrücken, der durch Steilhänge zum Odeborntal und Berlebach hin vor Angriffen geschützt war. 1506 wurde Berleburg zur gräflichen Residenz. In der Folgezeit entwickelte es sich zum Mittelpunkt des nördlichen Wittgensteiner Landes.

Die Stadt liegt ganz im Grünen und ist von den Bergwäldern des Naturparks Rothaargebirge umgeben. Noch heute ist das Berleburger Schloss – einst die gräfliche Residenz – der Sitz der Familie Sayn-Wittgenstein-Berleburg. Das große barocke Schloss, es stammt aus dem 16. bis 18. Jahrhundert, kann besichtigt werden. Das Schlossmuseum beherbergt Sammlungen der fürstlichen Familie, darunter eine prunkvolle Fürstenkutsche. Die vielen Schätze und Raritäten ziehen neben Tausenden von Besuchern auch Wissenschaftler aus aller Welt an. Das Schloss bietet zudem den festlichen Rahmen für weit über die Region hinaus bekannte Schlosskonzerte und internationale Musikfestwochen. Hinter dem Schloss befindet sich ein schöner Park mit einem jahrhundertealten Baumbestand.

Sehenswert ist auch die historische Altstadt Bad Berleburgs am Schlossberg mit ihren zahlreichen schiefergedeckten Häusern, darunter auch das ehemalige Rathaus von 1829. Seit über eineinhalb Jahrhunderten ist der historische Altstadtkern nahezu unverändert erhalten.

Die Rothaarbahn von Kreuztal über Erndtebrück nach Bad Berleburg vor dem Rothaargebirgskamm.

Das alte Berleburger Forsthaus Homrighausen am Südhang des Rothaargebirges.

Der Innenhof des Berleburger Schlosses.

VI. Die Ferienregion Brilon – Willingen – Diemelsee

Im nördlichen Hochsauerland findet man rund um die Orte Brilon, Olsberg, Bestwig und Willingen bis hin zum malerischen Diemelsee einige sehr interessante Ausflugs- und Ferienziele. Am geschichtsträchtigsten zeigt sich dabei das Besucherbergwerk Erzgrube Bestwig-Ramsbeck, am lebhaftesten das nicht weit entfernte Abenteuerland „Fort Fun", einer der beiden großen Freizeitparks des Sauerlandes.

Weitaus beschaulicher geht es in Brilon zu, das auf einer Hochebene liegt, die von riesigen Waldgebieten umschlungen wird. Es bezaubert mit einem historischen Marktflecken, schönen Fachwerkhäusern und einem der ältesten Rathäuser Deutschlands.

Ganz anders präsentiert sich dagegen das benachbarte Olsberg. Es besitzt gleich vier Schlösser, ein Museums-Erzbergwerk und vier riesige Vulkanfelsen: die Bruchhauser Steine. Wer noch mehr Nervenkitzel sucht, wagt sich auf die nahegelegene Bergrodelbahn „Sternrodler" am Erlebnisberg Sternrodt.

Naturfreunde fahren dagegen hinüber nach Willingen, zur Ettelsberg-Seilbahn, zur Kahlen Pön bei Usseln oder ins idyllische Strycktal zur Mühlenkopf-Skisprungschanze. Noch schöner ist es im Sommer aber wohl am Diemelsee. Dieser malerische Stausee liegt eingebettet in weite Wiesen und 600 Meter hohe Waldberge und ist ein Eldorado für Wassersportler und Naturgenießer. Im dortigen Naturpark bei Bontkirchen erhebt sich einer der schönsten Aussichtsberge der gesamten Region: der 738 Meter hohe Dommel.

Wintermorgen im Naturpark Diemelsee.

◀ *Blick von der Kahlen Pön auf den Willinger Ortsteil Usseln.*

BRILON

Brilon liegt auf einem Höhenrücken am Nordrand des Hochsauerlandes und gilt als eine der waldreichsten Städte Deutschlands. Das ausgedehnte Gemeindegebiet Brilons mit seinen 16 Dörfern reicht bis zum Westzipfel des Diemelsees. Die weiten Wälder, das günstige Klima, die saubere Luft und die herrliche Mittelgebirgslandschaft schaffen gute Voraussetzungen für einen erholsamen Urlaub und ließen Brilon zu einem der beliebtesten Kur- und Fremdenverkehrsorte des Sauerlandes werden.

In einer Schenkungsurkunde Kaiser Ottos II. wird der Ort im Jahre 973 erstmals erwähnt. 1220 erwarb der Kölner Erzbischof Engelbert die Siedlung und baute sie zur Stadt aus. Im 13. und 14. Jahrhundert erlebte Brilon als Mitglied der Hanse eine wirtschaftliche Blütezeit. Um 1444 war der Ort sogar die Hauptstadt des Herzogtums Westfalen. Noch heute erinnert eine Reihe von Sehenswürdigkeiten im historischen Altstadtkern an jene glanzvolle Zeit: Der mächtige, weithin sichtbare Turm der Probsteikirche von 1276 bildet seit Jahrhunderten das Wahrzeichen Brilons. Er war einst als Eckpfeiler Teil der Befestigungsanlagen der Stadt, so wie das Derker Tor, eines von vier Stadttoren. Erhalten blieb auch das um 1250 erbaute Rathaus von Brilon – eines der ältesten Rathäuser Deutschlands. Das wohl schönste Stadtmotiv bildet aber der 600 Jahre alte, kunstvoll verzierte Petrusbrunnen auf dem Marktplatz vor der Kulisse stilvoller alter Fachwerkhäuser aus dem 17. bis 19. Jahrhun-

dert. Viele historische Dokumente aus der 1000-jährigen Stadtgeschichte findet man auch im Briloner Stadtmuseum.

Seit über 600 Jahren wird hier obendrein ein heimatlicher Brauch gepflegt: der „Schnadezug". Er ist bereits seit 1388 nachweisbar und wird alle zwei Jahre feierlich begangen. Dabei laufen die Briloner Männer jeweils einen Teil der Stadtgrenze ab, was einst dazu diente, das Stadtgebiet zu markieren. Überregional bekannt wurde Brilon in den letzten zwölf Jahren auch als Ausgangs- bzw. Endpunkt des 154 Kilometer langen Rothaarsteiges.

Die Probsteikirche in Brilon.

Ein Panoramablick auf die Briloner Hochfläche.

Der Briloner Marktplatz mit dem Petrusbrunnen.

OLSBERG

Olsberg liegt im oberen Ruhrtal südwestlich von Brilon. Der Ferienort wird von mehreren Bergkuppen gerahmt und besitzt einige historisch sehr interessante Ausflugsziele. Olsberg selbst wird im 13. Jahrhundert erstmals erwähnt, doch die östlich des Kneippkurortes aufragenden Kuppen des Eisenbergs (606 Meter) und des Borbergs (669 Meter) dürften schon in früheren Zeiten eine wichtige Rolle gespielt haben, denn Eisenerz und Holz für den Bergbau waren dort reichlich vorhanden. Das Bergwerksgebiet liegt nur unweit von Olsberg entfernt, am Eisenberg ist heute ein Schaubergwerk eingerichtet. Und am benachbarten Borberg konnten die Archäologen eine historische Wallburganlage vermutlich aus dem 8. bis 10. Jahrhundert ausgraben. Die Borbergkanzel ist eine eindrucksvolle Aussichtswarte über dem Ruhrtal, gekrönt von einer Wallfahrtskapelle.

Historisch bedeutsam sind auch die Schlösser rund um Olsberg: Antfeld aus dem 18. Jahrhundert, Gevelinghausen, heute ein Hotel-Restaurant, und Bigge, ebenfalls aus dem 18. Jahrhundert. Sie zeugen davon, dass einst die Kölner Kurfürsten in den Wäldern von Olsberg Jagdpartien unternahmen, bei denen sie selbstverständlich standesgemäß wohnen wollten.

Ein weiterer Herrensitz, das Wasserschlösschen Bruchhausen, stammt sogar aus dem 12. Jahrhundert. Es liegt in einem kleinen Park und kann von außen besichtigt werden. Ganz in der Nähe befindet sich Bruchhausen, der wohl bekannteste Olsberger Ferienort. Denn gleich über dem Dorf erheben sich die berühmten Bruchhauser Steine: vier riesige Vulkanfelsen. Sie müssen die Menschen seit jeher fasziniert haben, denn sie bezogen die vier Felsen schon in der Frühzeit in Wallanlagen ein.

Prächtig anzusehen sind auch die Fachwerkhäuser aus dem 17./18. Jahrhundert im benachbarten Assinghausen. Wer dagegen Spaß und Abenteuer sucht, findet dieses südlich von Bruchhausen: Am „Erlebnisberg Sternrodt" an der Sternrodt-Kuppe (789 Meter) liegt eine einen Kilometer lange Bergrodelbahn mit atemberaubenden Steilkurven – zu allen Jahreszeiten sind hier rasante Fahrten mit bis zu 45 km/h möglich.

Der Blick von der Borbergkanzel auf Olsberg im Ruhrtal.

Die kleine Wegkapelle am Besucherberg-
werk oberhalb von Olsberg am Eisenberg.

Olsberg-Bruchhausen liegt idyllisch zu Füßen der Bruchhauser Steine.

DIE BRUCHHAUSER STEINE

Die sagenumwobenen Bruchhauser Steine südöstlich von Olsberg im Hochsauerland zählen zu den beeindruckendsten Felstürmen Westdeutschlands. Sie sind nicht nur ein eindrucksvolles Naturdenkmal, sondern zugleich Eckpfeiler einer gigantischen, uralten Wallburganlage. Vier mächtige, bis zu 90 Meter hohe Felsen ragen oberhalb des Dorfes Bruchhausen majestätisch aus der bewaldeten Kuppe des Istenberges empor. Bornstein (700 Meter), Goldstein (712 Meter), Rabenstein (701 Meter) und Feldstein (756 Meter) sind versteinerte Zeugen einer gewaltigen Eruption in der Devonzeit vor etwa 380 Millionen Jahren.

Bei einem untermeerischen Vulkanausbruch trat damals flüssiges Magma aus dem Erdinneren aus und erstarrte am Meeresboden zu hartem Quarzporphyr. Als sich später der Meeresboden auffaltete, gelangten die Vulkanreste an die Oberfläche und blieben nach der Verwitterung des weichen Schiefers wie Riesenfindlinge mitten in der Landschaft zurück. Bereits in der Eisenzeit vor etwa 2.500 Jahren wurden sie mit geheimnisvollen Wällen zu einer Anlage verbunden, deren Bedeutung bis heute umstritten ist.

Der knapp 60 Meter hohe Goldstein ist nach seinen goldschimmernden Quarzeinschlüssen benannt. Der höchste Felsturm ist der senkrecht aufsteigende, ca. 90 Meter hohe Bornstein. Der Feldstein ist zwar der niedrigste Felsturm, doch er steht mitten auf dem Istenberg und bietet die beste Rundsicht. Die Felsen sind heute Lebensraum seltener und gefährdeter wildlebender Pflanzen, die zum Teil eiszeitliche Relikte sind. Gleichzeitig sind sie auch Brutplatz seltener Vogelarten, zum Bespiel des Wanderfalken.

Frühlingsstimmung an den Bruchhauser Steinen.

BESTWIG

Bestwig ist eingerahmt vom Naturpark Arnsberger Wald und dem Rothaargebirge. Zwischen den dunkelgrünen Wäldern ziehen die kleinen Flüsse Elpe, Ruhr und Valme ein interessantes Muster, viele kleine Bäche glänzen silbern im Licht. Um diese Wälder und Berge, wo vor Hunderten von Jahren die Jagd nach dem Silber begann, ranken sich unzählige Sagen und Legenden. Noch heute erinnert im Stadtteil Ramsbeck südlich von Bestwig ein Bergwerk an die Zeit des Silberbergbaus. Die Ramsbecker Erzvorkommen waren bereits in der Bronzezeit bekannt. Schon die Veneter schürften in vorchristlicher Zeit in einem Stollen am Bastenberg nach Erzen. Die erste urkundliche Erwähnung des Bergbaus stammt von 1518. Berühmt wurden vor allem Blei und Zink aus Ramsbeck. Im 20. Jahrhundert wurde der Erzabbau immer schwieriger, zuletzt lohnte er sich gar nicht mehr.

Seit 1974 ist das Bergwerk stillgelegt. Heute dient es noch als Besucherbergwerk. Mit einer alten Grubenbahn kann man eineinhalb Kilometer in den Berg hineinfahren und dann 300 Meter unter der Erdoberfläche an einer dreiviertelstündigen Führung durch die Stollen teilnehmen. Oft wird eine Besichtigung des Bergwerks heute mit einem Besuch des benachbarten Ramsbecker Abenteuerlandes „Fort Fun" verbunden.

Das Erzbergwerk in Bestwig-Ramsbeck.

DAS ABENTEUERLAND „FORT FUN"

Bei der kleinen Ortschaft Bestwig-Wasserfall liegt das größte Freizeitzentrum des Hochsauerlandes: das Abenteuerland „Fort Fun". Schon von weitem ist das Riesenrad inmitten des Freizeitparks unübersehbar.

Die größte Attraktion in „Fort Fun" ist jedoch der 10.000 Quadratmeter große „Rio Grande" – der wilde Fluss. Eine Bootsfahrt führt durch einen schönen Canyon. Ähnlich abenteuerlich ist eine Fahrt mit der Western-Achterbahn, bei der man in Grubenloren in eine „Goldmine" fährt. In ein anderes Jahrhundert versetzt fühlt man sich auch bei einer Fahrt mit der originellen Western-Dampfeisenbahn.

Mehr dem Sauerland angepasst ist dagegen die sehr beliebte Sommerrodelbahn. Mit einem Sessellift schwebt man hinauf zum 732 Meter hohen Stüppel, wo es eine Berggaststätte und einen Aussichtsturm gibt. Zwei verschiedene Rodelbahnen führen dann talwärts. Die neue Bahn mit mehreren Steilpassagen ist noch rasanter, auf ihr kann man im Rodelschlitten regelrecht talwärts flitzen. Eine Vielzahl weiterer Attraktionen und Shops im Western-Look sorgen für ein tagesfüllendes Programm im Abenteuerpark.

Der Abenteuerpark „Fort Fun" mit dem weithin sichtbaren Riesenrad.

WILLINGEN

Der bekannte Luftkurort und Wintersportplatz am Rande des hessischen Naturparks Diemelsee wird von sieben hohen Sauerlandbergen umgeben. Im 14. Jahrhundert erstmals erwähnt, wurde aus dem einst recht stillen Bergdorf innerhalb weniger Jahrzehnte ein internationaler Wintersportort. Hier kann man im Winter nicht nur ausgezeichnet skilaufen, sondern im Frühjahr, Sommer und Herbst auch herrlich wandern. Schöne Spazier- und Wanderwege führen vorbei an blütenübersäten Talwiesen, durch idyllische Bachtäler und grüne Wälder. Mit einer Seilbahn kann man von Willingen auf den 838 Meter hohen Ettelsberg hinaufschweben. Wer nicht schwindelfrei ist, kann den Gipfel auch in einer Stunde erwandern.

An den Hängen des Ettelsberges oberhalb von Willingen wartet ein Wildpark mit Märchenwald auf junge Gäste und am Hang des Ritzenhagens wurde eine kleine Sommerrodelbahn angelegt. Im Strycktal ist sommers wie winters die berühmte Mühlenkopf-Skisprungschanze zu bestaunen, die alljährlich Schauplatz eines Weltcup-Skispringens ist. Unterwegs kommt man am eindrucksvollen 290 Meter langen Eisenbahn-Viadukt von 1916 vorbei, es ist Willingens Wahrzeichen.

Selbst an Regentagen muss in Willingen keine Langeweile aufkommen. Vom Lagunen-Erlebnisbad mit Wasserrutsche und Saunalandschaft kommt man sogar trockenen Fußes in die Eislaufhalle.

Zu Willingen gehört der benachbarte Ortsteil Usseln, wo es ebenfalls ein Skigebiet gibt. Der Hochheidegipfel der Kahlen Pön (774 Meter) wird von einzelnen Wetterfichten geschmückt und bietet Wanderern einen besonders schönen Ausblick auf Usseln.

Der bekannte Ferienort Willingen.

Ein Winternachmittag im Strycktal, der Blick geht in Richtung Viadukt und Kurort.

DER ETTELSBERG

Der Ettelsberg (838 Meter) ist der Hausberg von Willingen und einer der schönsten Aussichtsberge des Hochsauerlandes. Seit Dezember 2007 führt die einzige Gondelbahn des Sauerlands zu seinem Gipfel empor. Viele Jahrzehnte gab es anstelle dieser modernen Seilbahn lediglich einen Sessellift zum Ettelsberg.

Recht neu ist auch der riesige Aussichtsturm, der den Gipfel krönt. Von seiner Aussichtsplattform lässt es sich weit ins Land schauen, in den Naturpark Diemelsee, zum markanten Kegel des Dommel, an klaren Tagen sogar bis zum Habichtswald, zum Naturpark Meißner und bis zum Brocken im Harz. Auf dem ausgedehnten Gipfelplateau breitet sich eine Hochheide aus, die sich im August und September in ein leuchtendes Meer violetter Blüten verwandelt und zu einem Spaziergang geradezu einlädt. Ein Heiderundweg führt von einer bewirtschafteten Gipfelhütte über das Ettelsberg-Plateau.

Im Winter lockt der Berg dagegen mit der schönsten und längsten Skiabfahrt des Hochsauerlandes. Auch die zum Teil recht verkrüppelten Wetterfichten auf dem Hochplateau bieten an tief verschneiten Wintertagen oft ein märchenhaftes Bild.

Die Hochheide auf dem Ettelsberg.

◄ *Ausblick vom Ettelsberg auf Willingen.*

DER NATURPARK DIEMELSEE

Eingebettet in die lieblichen Täler des östlichen Sauerlandes liegt südlich von Marsberg-Helminghausen der idyllische Diemelsee. Er ist ein kleines Paradies für Wassersportler und Wanderer, die die Natur lieben. Bis zu 600 Meter hohe, bewaldete Berghänge und Wiesen umrahmen den Stausee. Unterhalb der mächtigen Sperrmauer liegt der Ferienort Helminghausen. Auf dem See verkehrt in den Sommermonaten ein Motorschiff – die Seerundfahrten zwischen der Anlegestelle unweit der Sperrmauer und dem Seedorf Heringhausen sind sehr beliebt. Man kann aber auch Elektro-, Tret- oder Ruderboote mieten und sich bei einer frischen Brise auf dem See entspannen.

Die Diemeltalsperre, mit einem Fassungsvermögen von 20 Millionen Kubikmetern, wurde bereits zwischen 1912 und 1924 erbaut und erstreckt sich diemelaufwärts über vier Kilometer. Anlass der Errichtung der Talsperre war seinerzeit der Bau des Mittellandkanals bei Minden. Die Talsperre hatte in Zeiten von Niedrigwasser der Weser das in Minden notwendige Wasser für den Mittellandkanal zu liefern. Seit die Mittelweser 1960 kanalisiert wurde, lässt die Talsperre nur noch so viel Wasser ab wie die Oberweser-Schifffahrt benötigt. Im Kraftwerk unterhalb der Staumauer wird zudem Strom erzeugt.

Schon von weitem beeindruckt die wuchtige, rund 42 Meter hohe und 194 Meter lange gekrümmte Sperrmauer. Sie wurde als Schwergewichtsmauer gebaut, d.h. sie widersteht allein aufgrund ihres Gewichts dem Wasserdruck des Stausees. Das Bruchsteinmauerwerk wurde aus dem Felsgestein des Eisenberges gewonnen, dessen Gipfel dicht über der Staumauer aufragt. Im Wald sind noch heute die steilen Felsabbrüche sichtbar. Die Mauer ist an der Sohle 31 Meter breit, die Kronenbreite beträgt dagegen nur ganze sieben Meter.

Am Ufer des Diemelsees.

Naturpark-Idylle am Diemelsee-Ufer.

Frühlingsstimmung am Diemelsee.

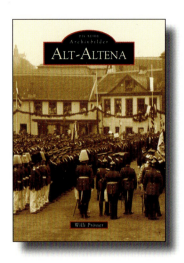
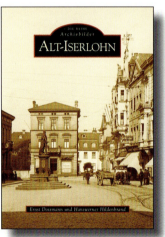
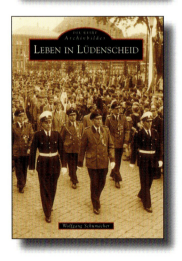